世界最強

の現場力を学ぶ

トヨタの
PDCA

桑原晃弥 著

イラスト：秋田恵微

ビジネス教育出版社

目 次

序章　PDCA サイクルを
いかに速く回すかが勝敗を決める ················ 5

▶第1節　求められるのは
「考えたことをどれだけ実行するか」である ·········· 6

▶第2節　素早い「修正力」で差をつけろ ················ 10

第1章　なぜトヨタ式は計画 P に
時間をかけるのか ·············· 13

▶第1節　「計画に時間をかける」のがトヨタ式 ·········· 14

▶第2節　問題を前に「なぜ」を5回繰り返せ ·········· 17

▶第3節　真因を潰してこそ問題の解決ができる ········ 20

▶第4節　「真因」はこう探せ ······················ 23

▶第5節　目的は1つだが手段はいくつもある ·········· 26

▶第6節　アイデアが2つ出たら、両方やってみろ ······ 29

▶第7節　「できない言い訳」を考えるより、
「どうすればできるか」だけを考えろ ·········· 32

▶第8節　異論に耳を傾けよう ······················ 35

▶第9節　計画には「誰が」「何を」「いつまでに」が
欠かせない ······························ 38

第2章　実行 D こそが
PDCA のエンジンである ·········· 41

▶第1節　アイデアがあったら、
まずものをつくってみなさい ·············· 42

▶第2節　小さく始めて大きく育てろ ················ 45

▶第3節　どういうものか実際にご覧に入れましょう ······ 48

▶第4節　「明日やろう」ではなく、「今日やる」にこだわれ ···· 51

▶第5節　100 点を目指すな、60 点でいいと考えろ ········ 54

▶第6節　景気のいい時にこそ実行しよう ……………………… 57
▶第7節　自ら動け。必要なのは診断士ではなく治療士だ …… 60
▶第8節　「やる」ではなく「やりきる」を徹底しよう ………… 63
▶第9節　計画の進捗状況を「見える化」しよう ……………… 66

第3章　評価Cの基本は
　　　　現地現物と微調整にあり ………………………………… 69

▶第1節　こまめに改善を繰り返せ ……………………………… 70
▶第2節　計画は大事だが、柔軟性も欠かせない ……………… 73
▶第3節　評価では「平均」や「率」を過信するな ……………… 76
▶第4節　報告に頼るな、自分の目で確かめろ ………………… 79
▶第5節　成功した時にこそ反省しろ …………………………… 82
▶第6節　失敗したからと安易に「元に戻す」な ……………… 85
▶第7節　時には「やめる」決断も ……………………………… 88
▶第8節　改善の結果は日々数字で表そう ……………………… 91

第4章　知恵をつけて
　　　　さらなる改善Aを ………………………………………… 95

▶第1節　「いいと思ったら
　　　　　トコトンやり続ける」のがトヨタ式 ……………… 96
▶第2節　改善したところをまた改善してさらに改善しろ …… 99
▶第3節　1つの成果を全体の成果に。ヨコテンしよう …… 102
▶第4節　失敗したら「失敗のレポート」を書いておけ …… 105
▶第5節　「いい方法」が
　　　　　通用しなくなったらどうするか？ ……………… 108
▶第6節　小さな改善を
　　　　　積み重ねてこそ大きな改善になる ……………… 111
▶第7節　1人の100歩より100人が1歩ずつ ……………… 114
▶第8節　「成果が出た」で満足するな、
　　　　　「その先」が勝負である ………………………… 117

序章

PDCA サイクルを いかに速く回すかが 勝敗を決める

アイデアリスト
1. 風船○○個背負って大陸横断!!
2. 巨大玉転がしで世界一周!!
....

求められるのは「考えたことを
どれだけ実行するか」である

　1990年代半ばから2000年代にかけてトヨタの社長、会長、経団連会長を歴任した**奥田碩**(おくだひろし)氏のこんな言葉が、世間を驚かせたことがあります。

　「私はどこの会社でも経営できます。それは私がPDCAを回せるからです」

　奥田氏が社長の時代、トヨタはハイブリッドカー「プリウス」を世に出し、以後、世界一を視野に急成長を続けていました。利益も日本企業の中では群を抜く存在であり、それほどの企業なら、何かすごい秘密があるに違いないと誰もが思っていました。

　ところが、トップの奥田氏がトヨタと自分の強みとして最初にあげたのは、PDCAだったのです。

　PDCAは報連相などと並び、新入社員研修で教えられるような、ビジネスの初歩の初歩です。ビジネスパーソンが仕事を進めるうえではたしかに知っておかなければならないものの1つではあっても、PDCAによって「大きな成果が出た」という実感を持つ人は少ないのではないでしょうか。

　にもかかわらず、トヨタどころか日本の経営者のトップが**「PDCAを回すことができればどこの会社でも経営できる」**と言うのですから驚

きです。

　つまり、PDCAは成果をあげ、企業を成長させるうえで欠くことの
できないものであり、もしそのサイクルを確実に回すことができれば大
きな成功を手にできるにもかかわらず、多くの会社はできていません。

　では、「PDCAはうまく回らない」、「成果につながりにくい」と多く
の人が感じる理由はどこにあるのでしょうか？

＊　　　＊　　　＊

　まずは「PDCAとは何か」をおさらいすることにします。

1　Plan(計画)…従来の実績や将来の予測などをもとに計画を作成する。

2　Do(実行)…計画に沿って業務を行う。

3　Check(評価)…業務の実施が計画に沿っているかどうかを評価する。

4　Act(改善)…実施が計画に沿っていない部分を調べて改善をする。

　この4段階を順次行って一周したら、最後の Act を次のPDCAサイ
クルにつなげ、螺旋を描くように一周ごとに各段階のレベルを向上させ
て、継続的に業務を改善する。

＊　　　＊　　　＊

　いずれももっともな内容であり、その一つ一つを確実に実行して、P
DCAを回すことができれば、どんな会社でも経営できるかどうかはと

もかく、会社が抱える問題の多くを解決できるのはたしかです。にもかかわらず、多くの人がPDCAをうまく回すことができなかったり、あるいは「PDCAなんて時代遅れだ」と思いこむのには理由があります。

＊　　　＊　　　＊

みなさんはこんな経験をしたことはないでしょうか。

「あるアイデアについて『やるか』『やらないか』の議論を続けているうちに手遅れになってしまった」

「時間をかけて計画を立てたものの実行に移ってから頓挫してしまった」

「実行のハードル」が異常に高いわりに、「実行へのこだわり」が低いと、PDCAは決して回りません。

何かを始めるとか、ある問題を解決するアイデアがあったとしても、「それをやる意味はあるのか」「成功する可能性はあるのか」といった、「やるか、やらないのか」の議論にあまりに時間をかけすぎると、たいていの人は「できない理由」を探し始め、結果的にPの段階で頓挫してしまいます。

それでもやっと「実行」が決まったとしても、「実行へのこだわり」が低いと、Dは中途半端に終わり、結果、PDCAのCやAに行きつくことはありません。

＊　　　＊　　　＊

では、トヨタのPDCAはどのようなものなのでしょうか。

1　**Plan**…問題の真因を調べ、改善策を比較検討し、最善の策（計画）を立てる。「やるか」「やらないか」ではなく、「やる」と決めたうえで「どうすればできるか」を考える。

2　**Do**…反対や障害があっても、一旦「やる」と決めた以上、「やりきる」を大切にする。

3　**Check**…実行の結果を現地現物で見届ける。

4　**Act**…少しでも問題があれば改善する。

このように一般的なPDCAに比べて、トヨタ式のPDCAにはいくつ

かの違いがあります。**1つはPの段階で多くの会社で見受けられる「やるかやらないか」に時間をかけず、「やる」と決めたうえで「どうすればできるか」を考え抜くことと、Dにおいては単なる「やる」ではなく、最後まで「やりきる」ことを大切にすることです。**

　そしてそのうえで結果をデータではなく現地現物で見届けたうえで、問題があれば微調整をしたり、すぐに改善することで次のPDCAへと移るのです。

　トヨタ式に「**日々改善、日々実践**」という言い方がありますが、**PDCAのサイクルを愚直に地道に回し続けることができれば、企業や人は成果を上げることができる**のです。

コワイよー

素早い「修正力」で差をつけろ

　PDCAは主に日本で使われている言葉です。第二次世界大戦後、日本に統計的品質管理（QC）手法を紹介したエドワーズ・デミングの講演を聞いた日科技連（日本科学技術連盟）の幹部がPDCAを提唱したとされています。

　当初は主に工場での品質力の向上に使われましたが、その後、多くのビジネス関係者が、アイデア出しや、経営計画の立案、営業成績の向上、間接部門の効率化など経営活動全般に適用し始めたことで広く知られるようになりました。

　しかし、その一方で先ほど触れたように「やるかやらないか」に余計な時間をかけすぎたり、実行が中途半端になるといった問題が起きることで、PDCAについて「やってみたけどたいして効果が出なかった」という実感を持つ人も多いです。

＊　　　＊　　　＊

　では、そんなPDCAにトヨタやソフトバンクなどがこだわるのはなぜでしょうか？　理由は議論を尽くしてもいいか悪いかがわからないことも、やればすぐにわかるからです。

　トヨタ式は、実行を後押しする「とにかくやってみよ」という言葉を頻繁に使います。それは、トヨタ自動車の創業者・**豊田喜一郎**氏と、父

親で日本屈指の発明家にしてトヨタグループの始祖でもある**豊田佐吉**氏が育てた伝統でもあります。

喜一郎氏は東京帝国大学（現東京大学）工学部を卒業した理論家でした。一方、佐吉氏は実家が貧しかったこともあり、小学校を出ただけの実践の人です。

喜一郎さんは議論をすれば父親に勝つことから、理論専攻の気持ちがありました。しかし、徐々に実行の重要性に気づいています。こう話しています。

「父とあることについて議論して私が勝った。すなわち実行してみる価値なしと判断した。その時、『とにかくやってみよ』と言われたので、やむを得ずやってみた。それが予想を裏切って良い成績を示したことがあり、それから議論を先にすることをやめた」

「とにかくやってみよ」については、**奥田**氏もこう話しています。

「スピーディーにやっていただきたい。**とにかく早くやることが必要**であります。そのために若干失敗されようと、恐れるに足らんと思います。どんなことでも**実行なきところに進歩は生まれてこない**と思います」

＊　　＊　　＊

かつて若いトヨタ社員が、「この問題を直せ」と言われ、大胆な改善策を考えましたが、さすがにやる踏ん切りがつかず、実行をためらっていました。失敗への恐れです。すると、上司からこう叱られました。

「お前がやったところで、これ以上悪くなることはない。思い切ってやってみろ」

乱暴に聞こえますが、これがトヨタ式「実行」の心構えです。

「考えるな」ということではありません。真因をつかんだうえで、いくつもの改善策を比較検討して、「これでいい」と決めたのであれば、その先、迷いは必要ないということです。正しいかどうかはやればわかります。そして、結果が期待外れなら、その時は「なぜ期待通りの結果が出ないのか」という理由を調べて、再びPDCAを回せばいいだけのことなのです。

反対に最もいけないのは、問題を前に「どうしたものか」とあまりに多くの時間をかけたり、PからDに移るのに時間がかかりすぎてタイミ

ングを逃すことです。

　さらに悪いのは、期待通りの結果が出ないことを非難して、改善そのものを否定することです。

　いくら良く考えられた計画でも、いつも期待通りの結果が出るわけではありません。いざやってみれば、思いがけないことや計算外のことは起こります。

　そんな時には改善を「やめる」のではなく、改善の「微調整」や「修正」を行えばいいのです。そうやって期待通りの成果が出るまで「何度でも」ＰＤＣＡを回すことができれば、最終的には成果を上げることができます。

　ＩＴ業界ではグーグルが「永遠のベータ版をつくり続ける」と言うように、アイデアがあれば「まずつくって」みて、それをユーザーに使ってもらうことで「改良し続ける」というやり方が一般的です。製造業においても３Ｄプリンタの普及などによって「まずはつくってみよう」「まずはやってみよう」もそれほど難しいことではなくなり始めています。

　つまり、今の時代に必要なのは**いかに素早くＰＤＣＡを回すか**です。

　いくら素早い実行を心がけても、問題に気づきすぐに修正することができなければ、ただの拙速になりますし、大切なユーザーの信頼を失います。一方、迅速な修正を続ければやがては最良のものをつくることができるのです。

　ＰＤＣＡは時代遅れの手法でも、効果の期待できないものでもなく、より速く、より柔軟に回すことができれば、仕事のスピードを上げ、大きな成果をもたらしてくれます。

第1章

なぜトヨタ式は 計画 P に 時間をかけるのか

「計画に時間をかける」のがトヨタ式

トヨタ式PDCAには4つの大きな特徴があります。

> 1　問題にいち早く気づく
> 2　時間をかけて検討する
> 3　決まってからは一気呵成に実行する
> 4　「やるか、やらないか」には時間をかけず、「やる」と
> 　　決めてから「どうすればできるか」を考える

　問題を「できれば避けて通りたい厄介ごと」と考える人は、問題から目をそむけるため、問題に気づくこともなく、成長もありません。

　「問題が起きたらきちんと対処する」人は多く見られますが、あくまでも受け身であり、隠れた問題に気づくことはできません。

　トヨタ式は「問題は改善のチャンス」と考え、「今ある問題」はもちろんのこと、「やがて起きるかもしれない問題」も掘り起こして積極的に迎え撃とうと考えます。つまり、「問題にいち早く気づく」ことができる分、「時間をかけて検討する」ことが可能になります。

　トヨタ式に「沈鬱遅鈍」という考え方があります。

　トヨタの始祖・豊田佐吉氏は、偉大な発明家ですが、お金のない時期

14

には他人の資本で会社を設立したことがあります。ところが、佐吉氏がより良い織機づくりに時間をかけようとしても、投資した側は早くお金を回収しようと販売を急ぎます。

結果、十分に営業的な試験ができない商品が世に出ることになり、経営は悪化、佐吉氏は会社を追われることになったのです。

こうした苦い経験から、佐吉氏は「人に先んじなければ発明ではない」と、「時間をかけて試験しなくてはものの役に立たない」の矛盾するものを両立させるために、「沈鬱遅鈍」という**先見の明によって世間より早く検討に着手することで、良いものをより早く世の中に出す**やり方を重視するようになったのです。

この考え方が今のトヨタにも受け継がれています。問題に誰よりも早く気づき、目的や手段、リスク、コンセンサスなどの検討に十分な時間を費やすことで、スタート後の問題は少なく、仮に問題が起きたとしても、迅速に対応して、ゴールに到達する時間を大幅に早めます。

＊　　＊　　＊

「PDCAを速く回せ」というと、どうしても計画段階の時間を惜しんで慌てて実行に移そうとする人がいますが、それではトラブルが生じたり、問題が起きて、計画が頓挫することがあります。そうならないためにも、計画段階ではある程度の時間をかけることが必要なのです。

ただし、ここで気をつけなければならないのは序章でも触れたように、「やるか」「やらないか」に時間をかけるのではなく、**「やる」と決めたうえで、「どうすればできるか」という計画に時間をかける**ことです。

この点を間違えて、「やるか」「やらないか」に時間をかけてしまうと、いつまでたっても計画に入ることはできず、実行が遠のくばかりです。

＊　　＊　　＊

ここで思い出されるのが、アマゾンの創業者**ジェフ・ベゾス**です。

ベゾスがインターネットの急成長に気が付き、ネットで本を売るというビジネスを思いついたのは1994年春です。ベゾスは、その案が会社で採用されないとなると、すぐに辞表を出し、同年の夏にはアマゾンの元となる会社を起業します。

「これほど成長しているのなら、一刻も早くやらなければ」という「切迫感」が背中を押していました。

しかし、ベゾスは、そこから準備に時間をかけています。

不具合を発見するベータテストなどに１年近くをかけ、実際のサービスを開始したのは1995年7月でした。

その結果、サービス開始直後から、問題が起きることはほとんどありませんでした。なぜスピードの速いＩＴ業界で準備に時間をかけるのかと聞かれ、こう答えています。

「アマゾンは準備が完璧に終わらない限り、事業を開始しない」

同様のやり方をしているのがソフトバンクの前身ユニソン・ワールドを創業した時の**孫正義**氏です。孫氏は何の商売を始めるかについて40に及ぶ事業アイデアについて資料を集め、綿密に調査を行っています。

目指すのは小さな商売ではなく、「５年で100億円、10年で500億円、いずれは何兆円規模の会社」だったからです。そんな調査の結果がコンピュータ業界であり、今のソフトバンクです。

＊　　　＊　　　＊

ビジネスが先手必勝であることは論を待ちませんが、一方で目先の勝ち負けにとらわれすぎて「とりあえずやってみるか」と準備をおろそかにして、出たとこ勝負をしてしまうと、最も大切な顧客の信頼を失うことにもなりかねません。

勝つためには計画段階における「先見の明」と「十分な準備」、そして「決まってからの実行力」の３つが不可欠なのです。

第2節

問題を前に「なぜ」を5回繰り返せ

　ある問題が起こり、その問題を解決するための計画を立てるにあたっ
てトヨタ式が重視していることの1つは、「『**なぜ**』を5回繰り返して、
真因を探す」ことです。

　問題を解決するためには、その問題の原因を探ることが必要ですが、
原因のなかには表面的な原因もあれば、根本的な解決につながる真因も
あり、常に「真因」を探し、その「真因」に手を打つというのがトヨタ
式です。

＊　　＊　　＊

　トヨタの工場長や副社長を歴任して、トヨタ式の基礎を築いた**大野耐
一**氏が、機械が止まった場合を例に挙げて説明しています。

　1　**なぜ機械が止まったのか？**
　**オーバーロード（過重負担）がかかって、ヒューズが切
　れたからだ。**
　2　**なぜオーバーロードがかかったのか？**
　軸受部の潤滑が十分でないからだ。
　3　**なぜ十分に潤滑しないのか？**
　潤滑ポンプの油の汲み上げが不足しているからだ。

　このように表面的な原因の奥にある真因がわかれば、ストレーナーを取り付けるという正しい対策を講じることができ、問題は解決に向かいます。

　そして真因にたどり着くことができれば、計画の目指す方向は自ずから正しく定まり、ＰＤＣＡは一気呵成に進むことになります。

＊　　　＊　　　＊

　しかし、「なぜ」を途中でやめてしまうと、何が起きるでしょうか。

　たとえば、1の「ヒューズが切れた」を「これが原因だ」と思いこみ、「じゃあ、ヒューズを交換すればいい」という対策をとってしまうと、一時的には機械は元のように動き始めますが、「オーバーロードがかかる」という問題は解決していませんから、いずれはオーバーロードがかかってヒューズが切れ、再び機械は止まります。

　このように**「真因」を潰さない問題解決は一時的には問題が解決されたように見えて、いずれは同じ問題が起こったり、さらに大きな問題を引き起こすことになる**のです。

＊　　　＊　　　＊

　そうならないためにトヨタ式が大切にしているのが、次のやり方です。

　ところが、会社によっては「真因を探る」努力をしないままに、「こうすれば問題が解決できる」という計画を立て、実行に移すところが少なくありません。

＊　　　＊　　　＊

◈ 事例1

食品メーカーA社の工場で、ある月の物流クレーム（遅延、欠品、誤品）の増加が問題になりました。

工場では、1日に1000種類の製品を60万パック生産しています。製品は隣接する物流センターに納品され、お得意先の注文に応じて分荷されます。そして物流センターから80台のトラックでお得意先へ出荷されますが、ある月の1ヶ月のクレームは300件を超え、臨時便のトラック代だけで支払いが200万円に上りました。このままでは収益の悪化だけでなく、信用の失墜も考えられるということで急いでクレームを減らすための改善計画を策定することになりました。

この大問題を解決するために、工場長と物流センター長を中心とする対策会議が開かれました。会議では、クレーム発生の原因を「物流センターの分荷に時間がかかりすぎている」と特定、2000万円をかけて、分荷がより早く正確にできる自動ソーター（分荷機）を導入する計画を立て、実際に導入したところ、最初は順調にクレームが減少したものの、数ヶ月後、再びクレームが増え始めたのです。

「最新式の自動ソーターを導入したのに、なぜ再び物流クレームが増えることになったのか？」がA社の新たな課題となったのです。

◈ 事例2

事務機器メーカーの生産子会社B社は製造だけでなく、工場のある地域では親会社の製品の販売も行っていましたが、この2年で地域での販売シェアが半分に低下してしまいました。急ぎ失ったシェアを回復しようと営業部門を中心に改善計画を練ったところ、原因は「営業社員が足りない」となり、生産部門から数名を営業に回すとともに、新規の採用も行いました。

ところが、いくら人数を増やしても思うように売上げが伸びず、再び「シェアを回復するためにはどうすればいいのか？」が課題となったのです。

＊　　＊　　＊

A社とB社はどうすれば課題を解決できるのでしょうか？

真因を
潰してこそ問題の解決ができる

問題を前にした時のA社とB社の最初の解決策はこうです。

✧ A社

- 課題・増加する物流クレームを大幅に減らしたい。
- 問題の原因・物流センターの分荷が遅いうえにミスが多い。
- 解決策・最新式の自動ソーターを導入する

✧ B社

- 課題・工場のあるエリアでの低下した販売シェアを回復したい。
- 問題の原因・営業社員の数が不足しているマンパワー不足。
- 解決策・営業社員を増やすために異動と新規採用を行う。

＊　　　＊　　　＊

　A社、B社ともに上記の解決策によって一時的には効果が見られましたが、数ヶ月後には再び物流クレームの増加と、少し回復した販売シェアの再度の低下という問題が起こっています。そこで、計画を練り直すことにしました。

　A社は、元トヨタ社員のコンサルタントCさんに助言を求めました。

　Cさんが物流センターの現場で数日間調べたところ、物流クレーム増加の原因は一つではないということがわかりました。

たしかに出荷時間が遅れる原因の70%は仕分け分荷の遅れですが、その先には「工場の生産の遅れ」「数量不足」「外注品の納入遅れや誤品」「分荷人員の不足」「製品の置き場所が整理整頓されていない」といったいくつもの原因がありました。

　さらにA社全体に「物流センターに配属されるのは落ちこぼれ社員であり、だから悪いのはすべて物流センターのせい」「物流クレームはどの会社でも起きることであり、完全な解決は無理」といった意識が蔓延しており、それが完全な解決を阻む精神的な壁となっていました。

　A社の物流クレームは物流センターだけでなく、生産全体の問題であると考えたCさんは、問題解決に向けて専任プロジェクトを組み、1年間かけて改善活動を行いました。たとえば、工場と物流センターの整理と整頓を徹底することで、ものを探す必要のない環境をつくり、工場の生産を納入時間に合わせて行う、物流センターの業務改善を行う、といった改善を同時進行で進めた結果、物流クレームは大幅に減少、日によっては「クレームゼロ」を達成しました。

＊　　　＊　　　＊

　一方のB社は新しく社長に就任したDさんが「なぜ売上げが伸びないのか?」を徹底的に調べたところ、意外な原因にたどり着くことができました。

　B社の工場のある地域は広いうえに交通の便があまり良くないため、営業社員の移動に多くの時間を要していました。しかも、営業社員ごとの営業エリアが決まっておらず、それぞれが広い範囲にお得意様を抱え、時には1日に2件程度しか訪問できないことがあったのです。これではいくら営業社員を増やそうが、売上げが伸びるはずがありません。

　そこで、Dさんは一旦は増やした営業社員の数を元に戻したうえで、営業エリアを細かく決め、移動に多くの時間を使わないようにしました。さらにそれまで飛び込み営業中心だった販売手法をあらため、工場で働く社員や協力会社にも声をかけ、見込み客を紹介してもらうことにしました。

　結果、営業社員の訪問件数は増え、成約率も一気に上がることになり

ました。

＊　　＊　　＊

　A社、B社の事例からもわかるように、間違った原因に対していくら対策を立てたとしても成果が上がることはありませんし、再び同じ問題が起こったり、時にはより状況が悪化することになるのです。

　PDCAの「計画」を立てる段階で大切なのは、「課題や問題の真因は何なのか」を正しく突き止めることです。この時、A社のように「どうせ悪いのは物流センターだろ」などと先入観を持って原因を決めつけるようでは真の解決はできません。

　真因を放置していては、どんな手を打っても、問題は解決しません。

　PDCAを始める時は、問題や課題をトコトン掘り下げて考えることが大切です。そうでないと「実行」は表面を取り繕うだけのものになり、一旦は解決してもしばらくして「実は何も解決していなかった」という事態に陥ってしまいます。

　せっかくPDCAを回しても望み通りの成果が得られない理由は、パワーを真因以外の間違った原因に注いでいることにあります。推測や思いこみ、わかりやすさで動いてはいけません。

　成果を上げたいのなら、計画の段階で問題は何かをしっかりと把握する必要があります。

　「なぜ」を繰り返して「真因」を見つけることです。

　PDCAをうまく回すためには、しつこいくらいの「なぜ」が大切なのです。

　真因を探すためには、時には時間と労力を必要としますが、あとになって後悔しないためにも時間と労力を惜しまないようにしましょう。

　むしろ「問題は何か」「真因は何か」さえわかれば、問題はほぼ解決されたのと同じことなのです。

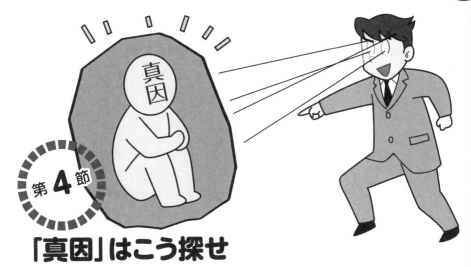

第4節

「真因」はこう探せ

　前節で効果的な計画の策定には、問題の「真因」を正しく知ることが必要だと指摘しました。真因を知らずに、表面的な原因に対策を打ったとしても、その効果は一時的なもので、最終的には同じ問題が起こります。しかし、時に「真因探し」は時間や手間のかかる厄介なものでもあります。

　「真因」を探すためにはどのような心構えが必要なのでしょうか。

＊　　＊　　＊

1　見つかるまで探せ

　トヨタ社員のAさんが協力会社で「かんばん」＊の導入を指導していた時のことです。その会社の社員は「かんばん」そのものに慣れておらず、「かんばん」の紛失が相次ぎました。本来、トヨタ式において「かんばん」がないのに生産することはできませんが、それでは生産に支障が出るからと、Aさんは「かんばん」を探すのではなく、増発することにしました。

　しかし、これではつくりすぎのムダが生まれますし。それを知った**大野耐一**氏は激怒して、「探してこい」とAさんに命令しました。しかし、

＊「かんばん」とは、後工程が前工程に部品を発注する際に使う生産指示票であり運搬指示票でもある長方形のビニール袋に入った紙のことです。「仕掛かんばん」と「引取かんばん」があり、トヨタ式の肝である「必要なものを、必要な特に、必要なだけ」を実現するための「道具」です。

何時間探しても見つからず、Ａさんが「見つかりません」と報告に行くと、大野氏はこう言いました。

「１時間や２時間捜したくらいで『ありません』とは何事か。なぜ見つからないかわかるか？　答えは簡単だ。見つかるまで探していないからだ」

言われたＡさんは、さらに時間をかけて探し回った結果、ついに部品などを入れる箱の下に「かんばん」が貼りついているのを発見しました。「かんばん」を入れた箱を重ねた際、油などで箱の下に貼りついたために紛失してしまっていたのです。

Ａさんは２度と同じことが起きないようにいくつかの改善を行いました。結果、以後「かんばん」がなくなることはありませんでした。真因を見つけるのは簡単ではありません。だからといって、適当なところで妥協して、対処療法的な改善を行ってしまうと、同じような問題が必ず起こります。

「なぜを５回」というのは「５回まで」という意味ではありません。**見つかるまで、できるまで「なぜ」を繰り返してこそ「真因」が見つかるし、効果的な計画を策定できる**というのがトヨタ式の考え方なのです。

＊　　＊　　＊

2　白紙になってものを見よ

大野氏の下でトヨタ式の普及に努めた経験のある元トヨタ社員によると、「５回のなぜ」には１つの禁句があるといいます。それは「ああ、そうか」という言葉です。

たとえば、第２節の「機械が止まる」ですが、「なぜ機械が止まったのか？」を調べたところ、「ヒューズが切れている」のを発見して、「ああ、そうか。ヒューズが切れたから機械が止まったんだな」と納得してしまうと、そこで思考は止まり、それ以上「なぜ」を問うことをやめてしまいます。

アップルの創業者**スティーブ・ジョブズ**も同じ指摘をしています。

「ある問題を検討し始めて、それがとてもシンプルだと思ったなら、君たちはその問題がいかに複雑かを理解していない」

多くの人は、その問題だけに通用する解決策だけを考えて、そこで終

24

わってしまうのに対し、本当にできる人間は、そこからさらに深く分け入って、根本的な問題を見つけ、あらゆるレベルで通用するエレガントな解決策を見つけ出す、とジョブズは考えます。

同様にトヨタにおいても、1つの問題に「なぜ」を一回か二回投げかけて、わかりやすい原因に気づいて、「ああ、そうか」と言ってしまうと、根本的な解決策を考える機会を失ってしまいます。**計画策定にあたっては、「ああ、そうか」ではなく、「本当の原因はほかにあるのでは」と「なぜ」を繰り返す姿勢が必要なのです。**

＊　　＊　　＊

3　原因は「外」ではなく「内」に求めよ

真因を探り、手を打つためには、視野を広げて考えることが必要です。ただし、それは問題の原因を外部に求めることとは違います。

たとえば、「景気が悪いから」と決めつけてしまうと、自分たちの責任ではなくなり、何の対策も打たず、ただ景気の回復を待つだけになってしまいます。「開発部門が売れる製品をつくらないからだ」「営業部門の売る力が弱いからだ」と他部署のせいにしてしまうと、自部署の改善が進みません。

パナソニックの創業者・**松下幸之助**氏の口癖の1つは「成功は運のせい、失敗は自分のせい」でした。成功の原因は外に求め、失敗は内に求めることで、己を戒め、自分自身が変わることを促しています。

物事がうまくいかない原因や、問題が起きた原因の中にはもちろん外的要因も含まれるわけですが、景気などの自分たちにはコントロールできないことをいくら「これが真因だ」と指摘したところで何もできずに終わるだけです。

それよりもコントロール可能な「内」に原因を求めてこそ、計画は立案でき、実行に移せます。

このように計画の前提となる真因探しは手間も時間もかかるものですが、ここで時間をかけるからこそ正しい計画ができるし、効果も期待できるのです。

目的

目的は1つだが手段はいくつもある

真因をつかんで、問題を解決するための計画を立てる場合や、新しいプロジェクトに取り組むための計画を立てる場合など、トヨタ式が大切にする考え方があります。

> **目的は一つ、手段はいくつもある**
> **1つの目的に対して、その手段なり方法は非常に多い**

たとえば、「人を1人減らす」という目的なら、こんな方法があります。
- 自動機械を導入して人を減らす
- ロボットを導入して人を減らす
- 作業改善を行って人を減らす

トヨタ式では、このような解決策をできるだけたくさん考えて、それぞれのコストや効果、メリットやデメリットなどを総合的に検討して最善のものを選び、実行します。

そうした検討を行うことなく、たとえば第3節のA社のように「そうだ、2000万円の自動ソーターを導入しよう」と決めつけて実行した場合、「しまった。ほかにも方法があったのに早まった」という失敗につながります。

26

あとになって「実はもっと安くて使いやすいものがあった」「作業改善を行えば、お金をかけなくても一人ぐらいは減らせたのに」という知恵が出てきて、「残念な結果」に終わるでしょう。

　そうならないためには、計画段階で案はいくつも考えなければならないというのがトヨタ式の鉄則です。

＊　　＊　　＊

　ある日、若いトヨタ社員Ａさんが、上司に課された問題を解決するために素晴らしいアイデアを思いつきました。

　早速、その具体策を詰め、上司に自信満々で提案したところ、上司から返ってきたのは、思いもかけない言葉でした。

　「君は、この案以外に、どんな案をいくつ考えたんだい？　君の選んだ解決策は他の案と比べて、どこがどのように優れているんだい？」

　自分の解決策を「素晴らしい」と思いこんでいたＡさんは、上司からほめられるとばかり思いこんでいただけに、「代案は？」と聞かれても答えることができませんでした。そんなＡさんに、上司はこう言いました。

　「1つの目的に対して、それを達成する手段はいくつもある。どんなに素晴らしい案に思えても、あとになってそれよりも安くできるとか、簡単な方法が見つかって同じような効果を出せるとしたら、どんな名案も失敗だったとなるんだよ」

　トヨタ式で大切なのは、1つの目的に対して、まずは考えられる限りのアイデアを出してみることです。

　なかには「つまらないもの」もあるかもしれませんが、まずは思いつく限りのアイデアを考え、そのうえで比較検討を行うことです。

　「時間もかかるし面倒だな」と感じるかもしれませんが、こうした**「考える」「比較する」過程を経ることで、本当の意味で最善の計画を立てられます。**

＊　　＊　　＊

　とはいえ、アイデアというのはそんなに次から次に思いつくものではありません。そんな時にたくさんのアイデアを生むための方法があります。

　カローラやレクサスの開発にも携わったトヨタ社員のＢさんが、かつ

てタイを舞台にアジア向けの戦略車を開発した時のことです。

　タイで売るためには、カローラよりも安い価格設定が必要になりますが、当時のトヨタ社員にとって、カローラより下のクラスの車をイメージするのはとても難しいことでした。

　Aさんがプロジェクトメンバーに「カローラから何をはずすか？」と質問しても、「そんなものはありません」としか返ってきませんでした。そこで、Aさんは「とても安くてガタガタの車」をつくってみんなに見せました。

　すると、その車を見たメンバーから、「せめてこうしてほしい」「これだけはつけないと」という知恵が次々と集まり、そこからアジア向け戦略車の開発がスタートしました。

＊　　　＊　　　＊

　こうした「ちょっと甘め」の考え方は大野耐一氏も試みていました。完璧な標準作業をつくると、現場の人から改善提案が出なくなりますが、「ちょっと甘め」につくると、「こうした良くなる」「もっとこうしよう」という知恵が出て、改善が進み始めます。

　同様にみんなでアイデアを出す場合には、リーダーが率先して「えっ、そんなのでいいの」というような粗削りで、みんなが突っ込みたくなるようなアイデアを出します。アイデアが出ないのは、「おかしなことを言って笑われたくない」とか、「責任を負わされたくないから」です。

　だからこそ、リーダーは率先してばかげたアイデアを口にして、みんなを楽にすることが必要なのです。良いアイデアを導くためには、種々雑多なアイデアが欠かせません。すぐれた計画をつくるためには、「真因探し」に続いて、「たくさんのアイデアを出して比較検討する」ことがとても大切なのです。

アイデアが2つ出たら、両方やってみろ

アイデアが「1つには絞りきれない」ケースも出てきます。
そんな時にはどうすればいいのでしょうか？

全部やってみればいい

これがトヨタ式の答えです。

生産現場における改善について「どちらがいいか決めかねる時の対応」
について**大野耐一**氏が次のような教えを残しています。

＊　　＊　　＊

「（2つのアイデアがあって）どっちが正確なことかわからないからと、
議論ばかりやっていると、現場は旧態依然のやり方を続けることになっ
て、そこの職場は生産性がいつまでも上がらないままになる。だから、
とにかくやってみる。意見が2つ出たら、両方をお互いに1日ずつ、両
方の言いだした人間が自分の言いだしたのをやってみる。それで結果を
調べて、やはりこっちの方がいいんじゃないかと納得するまでやるだけ
の執念を持ってやらなければならない」

＊　　＊　　＊

たくさんのアイデアの中から明確に1つを選ぶことができればいいの

ですが、たとえば最後に残った2つとか3つのアイデアについて甲乙つけがたい時には、それぞれをやってみて、その結果を「目で確かめればいい」というのがトヨタ式です。

　もしそれをせずに議論だけで決めようとすると、結果的にはムダな時間が費やされたうえに、「声の大きな人」の意見が通ってしまい、「もっと良いアイデア」が実行されず捨てられてしまいます。

　もちろん、たくさんのアイデアの「すべて」をやってみようということではありません。たくさんのアイデアの中から取捨選択する作業は必要ですが、いくつかのアイデアについて「どうしても絞りきれない」とか、あるいは「これはやってみないとわからないなあ」と言う時にはそれ以上議論にムダな時間を割くのではなく、「いずれもやってみる」ということです。

＊　　＊　　＊

　現在、自動車業界はガソリン車から電気自動車などの環境対応車へのシフトを急いでいますが、トヨタがハイブリッドカーの「プリウス」の開発を進めていた頃は、電気自動車とハイブリッドカー、燃料電池車といった3つのどれが主流となるかははっきりしていませんでした。

　究極のエコカーと言われる燃料電池車についても、たとえば水素をメタノールからとるか、ガソリンからとるかは誰にも予測できませんでした。そのため当時のトヨタは、「どっちに行くかは誰にも予測できない。決め打ちするのは大変危ない話です。先に行ってもきっちりやれるためには、あれもやる、これもやるというムダがあってもいい」と考えました。

　「環境対応車を開発する」という目的は一つでも、その手段はいくつもあります。そんな時、何が最善かが決めきれない時には、「あれもやる、これもやる」とムダを承知であれこれ同時進行的に進め、その結果や流れを見ながら絞り込んでいけばいいのです。

＊　　＊　　＊

　それは環境対応車の開発のような「大問題」でも、日々の生産現場でのささやかな改善という「小さな問題」でも同じです。

　いくつものアイデアがあり、1つに絞りきれない時には、それぞれに

やってみて、その結果を見届けることで結論を出すという考え方を取り入れることで、議論にムダな時間を割くことなく、最善の答えを導きだすことができるようになるのです。

言わば、Pの段階に「試す」というDを盛り込むことで、最善のPとDを実現するわけですが、その際に気をつけたいのが「順番に試す」のではなく、「同時に試す」ことです。

普通は複数のアイデアを試す場合、まずは一つの方法を試して、「期待したほどの効果が出ないから、これはやめて、次を試そう」と別のアイデアに移ります。そしてアイデアの数だけ時間をかけたうえで、「じゃあ、何が最善の方法なのか」をデータなどをもとに比較検討を行うわけですが、これではあまりに時間がかかりすぎてしまいます。

その間に状況が変わったりすれば、せっかく試して選んだものさえ「遅すぎ」になりかねません。結局、「あれにするか、これにするか」と議論に時間をかけるのと大差ありません。

そうならないために大野氏が言っていたのが「**1日ずつやってみろ**」でした。あるいは、「**すべてを同時にやる**」という考え方です。短期間のうちにアイデアを試せば、その答えもすぐに出ます。

何でもそうですが複数あるアイデアの中で何が最善かを完全に見極めるというのはとても難しいものです。もちろん絞り込みはできますが、それでも決めきれない時にはそれらのアイデアを1度に試してみることです。そうすれば何が正解に近いかを見極めることができますし、そこから先はそのアイデアをより効果的に実行するための計画をつくればいいのです。

高すぎるし

時間ないし

危ないし

「できない言い訳」を考えるより、「どうすればできるか」だけを考えろ

　計画の策定にあたって、時に問題になるのが目標や解決すべき課題が難しすぎて、良いアイデアが出ないことです。

　そんな時、気をつけたいのが「できない言い訳」を考えて、計画そのものから逃げてしまうことです。

　　　　　　＊　　　＊　　　＊

　若いトヨタ社員のAさんがある日、上司から無理難題とも思える課題の解決策を考えるように指示されました。

　Aさんは上司の言うようにやるのは不可能と思いましたが、それでも全知全能を絞って何とか解決策を考えようとしましたが、やはり良いアイデアは出ませんでした。そこで、上司に「どうしてもできません」と相談すると、上司はこう言いました。

　「なんだ、お前、1日か2日考えたくらいで、できませんとよく言うな。期限はもう1日、延ばしてやる。だけど、明日までにできなければ、現場が迷惑するんだから何としても考えろ」

　Aさんは、いろいろな人に「どうしたらできるか」を聞いて回りましたが、返ってくるのは「難しいなあ」という答えばかりでした。仕方なくAさんは、できない理由を5つ挙げて上司に説明に行きました。

すると、上司はあっさりこう言いました。

「わかった、じゃあ、いいわ。誰かできる人に頼むから」

これにはＡさんは大変なショックを受けました。前日のように「何が何でも考えろ」と叱咤されるならともかく、「じゃあ、できる人に頼むから」は「お前はもういい」と同じことでした。

翌日、Ａさんがひどく落ち込んでいると、上司がこう声をかけました。

「Ａよ、一緒に考えようや。一緒に考えれば、やれんことはない。やっているうちに答えが見えてくるから」

解決すべき課題が目の前にある時、「できない言い訳」を考えたところで何の意味もありません。たしかにその課題はとても難しいものなのかもしれませんが、現実に現場に困っている人がいたり、会社として困っている場合には、何が何でも解決策を考えなければならないのです。

トヨタの上司がＡさんに教えたかったのは、**「できない言い訳を考える頭で、どうすればできるかを考える」**ことであり、**最初は完全な答えが見つからなくても、いろいろと考え、試すうちに答えは少しずつ見えるだけに、まずはやってみよう**、という姿勢でした。

＊　　　＊　　　＊

難題に悩むもう１人のトヨタ社員Ｂさんは、上司から言われました。

夢にまで出るくらい考えろ

トヨタのグループ企業で課長を務めていたＢさんは、ある日、トヨタ本社に呼ばれて**大野耐一**氏からある車の原価低減プロジェクトについて考えるように指示されました。当時、同業他社がこうしたプロジェクトを行う場合、そのために必要な設備投資は10億円というのが常識でした。

しかし、長年にわたって大野氏からトヨタ式についての指導を受けてきたＡさんは「10億円かかる言ったら、バカヤローと言われるだろう」と考え、知恵を絞って約５億円の設備投資計画を策定しました。

ところが、その計画を見た大野氏から返ってきたのは「いいだろう、ただし、ゼロを一つとれ」というものでした。

10億円が当たり前の時代、半分の５億円でもかなり無理をした数字

です。それをゼロを1つとった5000万円でやれというのですからあまりに無茶な指示でした。Aさんは即座に「できません」と反論しますが、もちろん大野氏に通じるはずはありませんでした。

　困ったAさんが信頼する上司に相談したところ、こう言われました。

「夢にまで出るくらい考えろ」

　「何とかやるしかない」と覚悟を決めたAさんは何ヶ月もの間、「夢に出るほど」考えた末に、他の車と一部の生産工程を一緒にして、一台の生産にかかる時間を大幅に短縮するという画期的なアイデアを思いつきました。

　ほかにもさまざまな工夫をした結果、一桁少ない予算で目標を達成することができたのです。

　大野氏の口癖は **「改善は知恵とお金の総和である」** です。

　人は潤沢な予算があると、お金に頼った計画を立てがちですが、お金や時間、人などの制約があると、「何とかしなければ」と必死になって知恵を出します。やりすぎると今だとパワハラになりかねませんが、計画策定にあたっては時にあえて「制約」を設けることで飛躍的なアイデアにたどり着くこともあるのです。

第8節

異論に耳を傾けよう

　計画策定にあたっていくつものアイデアを考えて、比較検討を行い、「よし、これでいこう」という計画が決まったとすれば、あとは実行に移るわけですが、その前にやっておきたいのが次のことです。

異論に耳を傾ける

　何か新しいことをやろうとする時、周りの人が諸手を挙げて賛成することはほとんどありません。賛成する人もいれば、反対する人もいて、なかには賛否を明確にしない様子見の人もいます。あえて反対する人の意見に耳を傾ける理由は、**計画というのは異論に耳を傾け、異論に応えられるだけの理論や代替案を考える中でより良いものに磨かれていくからです。**

＊　　＊　　＊

　今から50年近く前のことですが、当時スーパーマーケット業界8位だったイトーヨーカ堂は、アメリカのチェーン企業からノウハウを導入することで、成長しようと考えました。候補の一つがセブンイレブンで、交渉を任されたのが当時38歳の**鈴木敏文**氏です。

　鈴木氏はセブンイレブンの本部会社サウスランドとの交渉を通して成功を確信しましたが、イトーヨーカ堂内部には「余計なことをやってう

まくいかなかったらどうする」という反対意見が多く、外部の専門家も「時期尚早」と否定的でした。

戸惑う鈴木氏に創業者で社長の**伊藤雅俊**氏はこう言いました。

＊　　　＊　　　＊

「成功するかどうか人の意見を聞きなさい」

＊　　　＊　　　＊

社内にも外部にもたくさんの反対者がいることは鈴木氏も伊藤氏もよく知っていました。「人の意見を聞きなさい」はたいていの場合、反対意見に耳を傾けて、計画を諦めなさいという「説得」で使われがちですが、伊藤氏の真意は違っていました。

ものごとを進めるためには、反対する人を説得するだけの材料や論理、信念が欠かせません。反対する人にはその人たちなりのリスクへの恐れや懸念があるものです。それを無視して、「できると言ったらできるんだ」と反対者の声を無視して強引に計画を推し進めれば、必ず反対の声はさらに大きくなりますし、小さなトラブルでさえ「ほらみたことか、だから、やめろと言ったんだ」と中止を迫られることになります。

伊藤氏があえて「人の意見を聞きなさい」と言ったのは、鈴木氏に反対する人を説得するだけの材料や論理、代替案を持っているかどうか、さらには障害があっても最後までやり抜くだけの信念があるかを確かめようとしたのです。

本気の熱意があれば、言い出した人間はしゃかりきに何とかやり通すものです。それでも失敗したなら、その時は「やった」本人ではなく、「やらせた」上司である自分が泥をかぶればいいというのが伊藤氏の考えでした。

挑戦に100％の成功はありません。もし100％が約束されているとすれば、それを「挑戦」と呼ぶことはできません。

結果、セブンイレブンは大成功をおさめ、日本の流通業に革命を起こすことになったのです。

＊　　　＊　　　＊

トヨタ式にこんな言い方があります。

「異論がなければ異論をつくれ」

　改革などの計画を立てる際、たとえば会議などでみんなが「異議なし」と言う場合、普通の会社は「良かった、満場一致で」となるはずですが、トヨタ式では「異論がない」というのは、本当に「異論がない」わけではなく、「異論を見落としているのでは」と考えます。そしてもし本当に異論がないとしたら、あえて「異論を考え」てまで、その計画に問題がないのかを検討します。

　何でもそうですが、どれほど綿密に計画を立てたとしても、すべてが計画通りにうまくいくことは、あまりありません。さまざまな障害が起きるのが普通です。だからこそ計画立案で大切なのは、事前にそれらを想定し、考慮に入れることです。そうすればたいていの障害にはすぐに対処できます。

　元ソフトバンクの**三木雄信**氏は、ある計画を実行しようとする時には、あえて自分の提案に疑問を持ちそうな人や反対しそうな人たちを集めて、関係者全員で「問題の洗い出し」を行うそうです。

　企業の経営者のなかには自分のアイデアに反対する人ではなく、賛成しそうな人に話すと言う人もいますが、三木氏はあえて反対しそうな人に話をして、みんなから口々にダメ出しを受けるといいます。

　そしてその人たちを相手に「この問題には、こう対処します」と具体的に説明をします。それでも納得しない人には、一堂に会している人の中から、「じゃあ、こうしたらどうだろう」といった提案も出てきて、最終的には「これならやれるのでは」という計画と雰囲気が生まれるといいます。

＊　　　＊　　　＊

　計画を立てる時には、あえて異論に耳を傾けるようにしましょう。せっかく自信満々の計画を立てたにもかかわらず、異論を聞くのは辛いし不愉快なものですが、それらを乗り越えることでより良い計画が完成すると思えば、**異論は「いちゃもん」ではなく、「うまくいくためのありがたいアドバイス」**ともなるのです。

第9節

計画

誰が　何を　いつまでに

計画には「誰が」「何を」「いつまでに」が欠かせない

　ここまで、計画策定にあたってのポイントをまとめてきました。

　「真因探し」や「たくさんのアイデアを出して比較検討を行う」「異論に耳を傾ける」といった、いずれも手間や時間のかかるもの、あるいは「できればやりたくないなあ」というものもあったかと思いますが、しっかりとした計画をつくるためには、こうしたプロセスを経ることが不可欠です。

　では、こうしてでき上がった計画を着実に実行するためには、何が必要なのでしょうか？

　プロジェクトチームなどでもしばしば起きることですが、立ち上げはやる気に満ちているのに、途中から腰砕けになり、最後は「あのプロジェクトって結局どうなったの？」という状態に陥ることがよくあります。

　これではプロジェクトを進めようと、人を集め、お金も時間もかけたことがまったくのムダになってしまいます。それだけでなく、今後、新たなプロジェクトを立ち上げて、上の人間が「さあ、やるぞ」とはっぱをかけたとしても、プロジェクトメンバーも周りの人間も、「どうせかけ声だけで最後は尻すぼみに終わるに決まっている」と本気で取り組まなくなってしまいます。

こうしたことを繰り返していると、結局は企業やリーダーへの信頼も薄れてしまうだけに、プロジェクトチームを立ち上げ、計画を策定する場合には**「誰が、何を、いつまでにやる」**のかを**明確にする**ことが欠かせません。

＊　　＊　　＊

　グーグルの元CEOの**エリック・シュミット**がまとめた「会議のルール」があります。
　1　会議には「意思決定に対して責任を持つ人物」を置く。
　2　会議は運営しやすい規模（理想は8人）にする。
　3　自分の存在が必要でないとしたら退出しよう。
　4　会議は時間通りに始め、時間通りに終わらせよう。
　5　会議に出る以上、その内容に集中しよう。
　こうした興味深いルールと並んで、計画と関わるとても大切なルールがあります。

「会議が終了後48時間以内に、意思決定者自身（他の人に任せてはいけない）が会議の決定内容や行動計画をまとめ、参加者全員にメールを送ろう」

＊　　＊　　＊

　会議のあとでしばしば起こるのが、参加者の「ところで、何を決めたんだっけ？」という疑問です。長い時間をかけて話し合いをしたにもかかわらず、そこで何が話し合われ、何が決まったのかについてはうっすらとした印象しか残っていないのです。これでは会議で決めたはずのことが徹底されることも実行されることはありません。

　こうしたことを防ぐためにやるべきなのが、何が決まったのかを再度確認することと、目標の達成に向けて、「誰が、何を、いつまでにやる」といった具体的な行動計画の策定と実行です。

　たとえばある企業を訪問して商談をするだけでも

　①アポイントをとる、②商談のための資料を作成する、③同行者に依頼する、④場所とそこまでの交通手段を調べる、といったたくさんのやるべきことがあります。

39

その一つひとつを「自分1人でやるのか」「同僚や先輩の助けを借りるのか」、さらにそれらを「いつまでにやるのか」をしっかり決めて、遅滞なく進めていかないと、商談を成功させることはできません。

　ましてやチームでプロジェクトを進めていくとなると、プロセスを小さな一つひとつの行動計画に分解したうえで、誰が何を担当して、いつまでにやるのかを決めることなしに前へ進むことはできません。

　それをしないで、「みんなで協力してやろう」では、「誰かがやるだろう」「これは自分の仕事じゃないな」となり、結局は一部の人にだけ負担がかかることになります。さらに「あっ、これをやるのを忘れていた」「まだやらなくてもいいと思っていた」といったヌケやモレが生じることになるのです。

　せっかく立てた計画を成功に導くためには、目標がはっきりしているだけでなく、「誰が、何を、いつまでにやる」という役割分担や行動計画の緻密さが問われるのです。

＊　　＊　　＊

　さらにここから一歩進めて、やろうとするプロジェクトの目標や計画、進捗状況などを参加者全員に見えるようにすれば、「今、計画はここまで来ている」ということもわかるし、「○○さんの担当していることが遅れ気味だな」といった問題点も見えてきます。問題点が見えれば、「じゃあ、□□さんにサポートしてもらおう」という対策を考えることもできるのです。

　計画を立てたなら、その計画の中身や進捗状況を可能な限り「見える化」します。そのうえで「いつまでに」をきちんと管理することができれば、計画倒れに終わることなく、計画を「やりきる」ことができます。

第2章

実行 **D** こそが
PDCA の
エンジンである

アイデアがあったら、 まずものをつくってみなさい

どれほど立派な計画を立てたとしても「実行」に移さなければ何の意味もありません。その実行は「すぐに」行わなければなりませんし、結果が出るまで「やりきる」ことが何より大切です。

「実行」に対するトヨタの強いこだわりを表す言葉があります。いずれも元社長の**奥田碩**氏の言葉です。

＊　　＊　　＊

「口で天下国家を論ずるのは机上で簡単にできますが、それを実行できるかできないかということが重要なことだということです。（経済戦略会議の）提言は164項目もありますが、そのうちいくつ実行されるかが非常に大事なことです。実行できなければ、どんなに立派なレポートでも、書いただけで終わっては意味がありません。『100の説法より1つの実行』です。理屈をこねる人間はたくさんいますが、実行できる人間はなかなかいません」

＊　　＊　　＊

「経営には明確な旗が必要だ。一旦、目標を掲げれば、それを完遂すること。青写真を描くだけで満足していては、会社はだんだん弱くなる」

＊　　＊　　＊

トヨタは時に「計画」に時間をかけることもありますが、それはあくまでも「どうやってやるか」であり、「やるか、やらないか」ではありません。まずは「やる」と決めたうえで、「では、どうすればできるのか？」に時間をかけるだけで、「計画」は常に「実行」とセットです。だからこそ、決まるまでにはある程度の時間をかけたとしても、そこからのスピードは「一気呵成」となるのです。

こうした「実行ありき」を貫くためには、2つの文化が必要になります。

1　「アイデアがあったらものをつくってみなさい」という
　　「考えるよりも、まずやってみる」という文化
2　「失敗を恐れない」文化

誰かが何か新しいことをやろうとする時、こんな言葉を口にする人がいます。

- ✕「お前たちには無理だよ」
- ✕「失敗は許されんぞ」
- ✕「余計なことはするな」
- ✕「今度、間違えたらクビを覚悟しておけ」
- ✕「失敗したら、その責任は誰がとるんだ」

これらは「変革を妨げる言葉」であり、「挑戦意欲を破壊する言葉」です。こうした言葉が飛び交う職場では、何かをやりたいと考えても、「やるか、やらないか」に多くの時間をとられますし、何とか計画までたどり着いたとしても、「実行」段階になってさまざまな横やりが入るものです。

これでは「実行のハードル」が高くなりすぎて、PDCAが回ることはありません。PDCAを回すためには、**何よりも「実行のハードル」を下げ、計画を立てたなら間髪を容れずに実行に移ることが何より大切なのです。**

そしてそのために必要なのが「アイデアがあったら、ものをつくってみなさい」であり、「失敗を恐れない」ことなのです。

アマゾンの創業者**ジェフ・ベゾス**の信条は「まず、やってみよう」で

す。こう話しています。

＊　　　＊　　　＊

「社員には、あえて袋小路に入りこんで、実験しろとはっぱをかけている。実験にかかるコストを減らして、できるだけたくさん実験できるようにしている。実験の回数を100回から1000回に増やせば、イノベーションの数も劇的に増える」

＊　　　＊　　　＊

イノベーションには、実験と検証が欠かせません。当然、やってみたけど失敗したというケースも多々あります。だからといって、いちいち「誰が責任を取るんだ」「失敗したらどうするつもりだ」などと言っていては、誰も新しい挑戦などやらなくなってしまいます。それでは「アイデアはあっても、決して形にしようとはしない」会社になってしまいます。**大切なのは、やる前から「イエス、ノー」を判断するのではなく、まず実験をして、その結果を検証することです。**

実験の風土の有無こそがイノベーション企業であるかどうかの尺度なのです。

だからこそ、トヨタ式では「アイデアがあったら、まずものをつくってみなさい」という言葉を大切にしています。「百聞は一見に如かず、百見は一行（行動）に如かず」とも言います。あれこれ見たり聞いたり考えたりして時間を費やすよりも、まずは考えたこと、計画したことを「実行」に移します。

実行すれば考えたことや、計画したことが良いか悪いかがすぐにわかります。PDCAのサイクルが回るか、成果につながるかどうかは、実行（D）にかかっています。良い計画をつくることも大切ですが、その計画をすぐに実行に移せるかどうか、結果を見届けるまでやりきることができるか、課題が見つかればすぐに修正できるかどうかの「実行力」次第でその成果は変わってくるのです。

小さく始めて大きく育てろ

　PDCAは計画を立てたら**「すぐにやる」**ことが必要ですが、「すぐにやる」は、必ずしも**「すべてを一気にやる」ことを意味しません。**

　スピード感を持って計画を一気に断行できれば理想的ですが、現実は反対の声が大きくなったり、あるいは問題が頻発して対応が困難になることもあるのです。

　そんな時、トヨタ式はしばしば**「小さく始めて大きく育てる」**やり方を取ります。

　たとえば、計画段階においてはある工場の生産方式を大量生産型から、トヨタ式の確定受注生産型へ変えることを想定していますが、実行にあたっては「すべてを一気にやる」のではなく、部分限定で実行を始め、その結果を見ながら残りをどうするか、どの順番で全体へと広げていくのかを決めていくのです。

　これが**「モデルライン」**を使ったやり方です。

＊　　　＊　　　＊

　ある建材メーカーのトップＡ氏は、業績が好調であるにもかかわらず、危機感を持っていました。

　同社はこれまで同じ製品を１度にまとめてつくる大量生産方式でやってきましたが、消費者の嗜好が多様化する中で、ドアやサッシといった

建材にも多品種少量化の波が押し寄せ始めていました。

　同じ製品をまとめてつくるやり方のまま、多品種少量化に応えようと
すると、製品の大半は在庫となります。在庫は「いつか売れ」れば、製
品と呼べますが、もし売れ残ってしまえば経営を圧迫するゴミです。

　そこで、A氏は思い切ってつくり方を売れに合わせて1個ずつつくる
トヨタ式へ変えることを決断しました。

　もちろん一気に生産ラインを全部変えて、「今日からこのやり方にす
るので、みんなしっかりやってくれ」と号令をかけることもできますが、
それでは長年働いてきた現場の人たちから反対の声があがるのははっ
きりしていました。そのうえ、新しいやり方にみんなが慣れておらず、
たくさんの問題が噴出すれば、「これはダメだ、元に戻せ」という声が
出るのもわかっていました。

　生産現場に限ったことではありませんが、新しいやり方と慣れたやり
方を比較すれば、たいていの人は慣れたやり方を選びます。新しいやり
方は不慣れであり、失敗したり、問題が起きると困るだけに、たとえ少々
不便だとしても慣れたやり方を選ぶのが人間の心理です。

　そこで、A氏は複数ある生産ラインのうちの1本を選び、それをモデ
ルラインにして新しいつくり方を試みました。

　予想通り次々と問題が起こります。必要な部品や部材がすぐに揃わな
い、作業がやりづらい、段取り替えに時間がかかりすぎる、等です。計
画段階でA氏はトヨタ式についてしっかりと研究し、トヨタ式を実践し
ている企業も訪問してたくさんのことを学ぶことで、「こうすればうまく
いく」と自信を持って計画をつくりましたが、生産現場で実際に作業を
するのが人間である以上、実行段階で問題が起きるのは避けられません。

　現場の人たちからも「ほらみろ、慣れないことをやろうとするから問
題だらけじゃないか」とも言われましたが、そうした批判には直接反論
せず、起きた問題を一つずつ改善することで答えました。

　こうして問題を改善する一方で、従来のラインで働いている人を数名
ずつ集め、新しいつくり方を見せながら、「なぜ変えなければならない
のか」を丁寧に説明しました。新しいやり方は、言葉で説明されても理

解しづらいものですが、実際に見れば、「何が変わるのか」「どこが良くてどこが悪いのか」「自分はどうすればいいのか」などがすぐに判断できます。

こうした努力を重ねるうちに新しいやり方の生産性は従来のやり方を上回るようになり、現場の人たちも「このやり方もいいんじゃないか」と理解を示すようになりました。

やがてモデルラインのやり方を1本、また1本と他のラインへと広げ、全ラインを変えることができました。

その後、景気が悪化して同業他社が苦しむ中、いち早く新しいつくり方に変わっていたA氏の会社は売上げも利益も順調に伸ばしています。

＊　　　＊　　　＊

大きな計画を立てると、どうしても「一気に」とか、「すべて」にこだわりたくなるものです。その方が華やかですし、大きな効果が期待できるからです。しかしその結果としてたくさんの問題が起きた場合、計画そのものが頓挫することにもなりかねません。

どれほど考え抜かれた計画でも、実行に移してから何の問題も起きないということはありません。だからこそ、**モデルラインを選び、そこで小さなPDCAを回すことが効果的**なのです。小さく回せば問題にも素早く対処できますし、改善の成果を見れば、みんなが「これはいいかもしれない」と納得もします。

「大きく一気に」は華やかですが、時には「小さく少しずつ」進む方が確実に成果を得られる場合が少なくないのです。

どういうものか実際に
ご覧に入れましょう

　「こういうものをつくればうまくいく」という計画を立てたものの、周りの人たちの反対が強く、思うように実行に移れないということがあります。

　そんな時にはあれこれ議論するのではなく、「1個だけでもつくってみる」というやり方が効果的です。

＊　　　＊　　　＊

　アマゾンの創業者**ジェフ・ベゾス**がある金融系の会社で働いていた時のことです。同社でベゾスが取り組んだのは、顧客である企業が、インターネット上で運用を委託している年金や投信の成績をすぐに確認できるというシステムの導入です。

　今ならごく当たり前のものですが、当時は印刷した報告書を定期的に顧客に送って見てもらうというやり方が常識であり、同社の社内にはベゾスに反対する人がたくさんいました。まだネットワークへの信頼性も低かっただけに、「そんなことできるわけないし、やるべきではない」と考える人がほとんどでした。

　ベゾスは若き副社長であり、頭の良さにも絶対の自信を持っていました。議論をすることで反対者を説き伏せることもできましたが、そうは

せずにベゾスはこう言いました。

「この新しいテクノロジーには自信があります。どういうものか実際にご覧に入れましょう」

ベゾスは実際にものをつくり、やってみせることで「ほかの人たちが間違っている」ことを証明したのです。実際にものを見れば、「良いか、悪いか」の判断はできます。議論よりも「つくって見せること」は以来、ベゾスの信条となり、アマゾンにも受け継がれることとなりました。

＊　　　＊　　　＊

トヨタが「レクサス」の開発に挑んだ際にも、同様のやり方が効果を発揮しています。当時、トヨタの車は世界中で売れてはいても、あくまでも大衆車をつくるメーカーであり、高級車メーカーには数えられていませんでした。

しかし、それでは世界一を目指すことはできません。そこで、トヨタはベンツに負けない車をつくることを決定、主査に選ばれたのが豊富な経験を持つ**鈴木一郎**氏でした。

鈴木氏は「高級車」の代名詞とも言えるメルセデス・ベンツにステータスや格式のイメージ、高品質や安全性だけでなく、「車の基本的な機能である走行性能で勝ちたい」と考えます。

そしてそのためには「卓越した走行性能と人間的温かみ」という矛盾した特性を両立させることが必要だと考えました。しかし、これはとても難しいことでした。

速い車をつくることと、空気抵抗を減らすことの相性は良いのですが、速い車をつくることと車内を静かにすることは矛盾します。車内を静かにすると、車体重量が増えて、速さが犠牲になります。そこで、鈴木氏は発生した音を遮断するのではなく、静かなエンジンを開発することで静かな車をつくろうと考えたのです。

＊　　　＊　　　＊

ところが、鈴木氏が計画した画期的なエンジンづくりに関して研究開発、生産技術、製造の三部門の役員で構成される委員会が「ノー」を出しました。こう告げられました。

「トヨタは今でも非常に高品質な製品をつくっていますが、鈴木氏が要求する精度を実現するためにもっと高度の設備を導入するというのは無茶な要求です。鈴木氏の要求は実現不可能です」

*　　*　　*

完全な「ノー」でした。それでも諦めきれない鈴木氏はこんな申し出を行いました。

「それでは私の要求している精度のエンジンかトランスミッションを一台だけ試作してください。それすらできないなら、諦めます」

量産は無理でも、「一台だけ」ならつくることができます。そこで、委員会は優秀なエンジニアを集めて、鈴木氏の要求するエンジンを一台だけ試作しました。そしてそのエンジンを既存の車に搭載して走らせたところ、驚くほど静かで燃費が良かったのです。これだけの成果を見せつけられては、「車屋」なら誰もが興奮します。

これにより鈴木氏の「レクサス」開発は本格的にスタートすることになったのです。

*　　*　　*

鈴木氏が机上での議論をいくら繰り返したとしても、計画にゴーサインが出ることはなかったはずです。仮に出たとしてもそれまでには多くの時間がかかったはずですが、それよりも「一台つくって目で確認する」を選んだことで計画は一気に進みました。

どんな優れた計画も実行に移さなければ意味がありませんが、計画を速やかに実行に移すためには時には**「小さく始めて大きく育てる」**や、**「一台つくって見てもらう」**といった工夫も必要になってきます。

せっかくの計画を「反対が多くて実行できない」はあまりにもったいないことです。計画の実現には「どうすればスムーズに実行に移せるか」を考え実践することも必要です。

明日でいいや

今日のうちに
スッキリ

第4節

「明日やろう」ではなく、「今日やる」にこだわれ

　1980年代から90年代にかけてGEを世界最強の企業へと成長させた伝説のCEO **ジャック・ウェルチ**の口癖を紹介します。

＊　　＊　　＊

「『これをしたい』とは言わず、とにかく実行する。『ことを起こす』べきだ」
「とにかく実行しろ。たぶんそれは正しい決断だ」

＊　　＊　　＊

　ウェルチの後継者となった **ジェフ・イメルト**はウェルチについて、「ウェルチが『我々は2000年までにシックスシグマを達成する』と言う時は、『今すぐやれ』という意味だ」と話しています。

　ウェルチは経営や戦略の研究者の話には熱心に耳を傾けますが、一方で、彼らが数字やデータをいじくり回して、1年もかけて分厚い報告書をつくろうとすると、「時間ばかり取られ、金がかかる。そのうえ必要がない」と容赦ありませんでした。

　そこにあるのは「実行」に対する強い執着です。**事業というのは、もっともらしい計画や予測を立てるから成功するわけではなく、現実に起っている変化を絶えず追いかけ、それに素早く対応するなど、迅速な実行力が伴ってこそ成功する**、というのがウェルチの信念でした。

＊　　＊　　＊

　大切なのは完璧な計画をつくること以上に、やるべきことをどれだけ迅速に実行するかです。ところが、会社によっては「これをやろう」という計画が決まったにもかかわらず、実行に反対する人がいたり、あれこれ思い悩んで実行に移ろうとしないケースがあります。

　これではせっかくの計画も「宝の持ち腐れ」です。

＊　　＊　　＊

　そんな「実行をためらう」風土を変えようと、Ａ社が立ち上げたのが「すぐやるチーム」です。その日のうちにできることは「とにかくやってみる」ためです。

　たとえば、当直の人間が夜に工場を見回って、「ものが片付いていない」「コードが多すぎて危険である」といった気づきを日誌に書きこんでも、以前は、それを見た管理職が担当部署に「やっておいて」と伝えるだけでした。

　「わかりました」という返事は返ってきますが、担当部署は「忙しいから」と後回しにして、最終的にはみんなが忘れてしまうのが普通でした。

　さらに問題なのは、アクションが伴わない「書いただけ」「伝えられただけ」だと、「よそのことなのにわざわざ告げ口をして」という感情問題になることでした。これでは「言う人」もいやになるし、「言われた人」もいやになってしまいます。

　そこでＡ社は、日誌を見た管理職が「具体的にどう改善するか」を考え、「すぐやるチーム」がその日に実行するようにしたのです。

　もちろん「すべて」ができるわけではありませんが、その日のうちに何かを変えれば、「みんなで問題に気づいて、みんなで工場を良くしていくというPDCAが回り始めます。「忙しいから」と後回しにしていた人たちも、実際に問題が改善され、「仕事がやりやすくなった」「ヒヤリハットが少なくなった」と感じれば、自分たち自身も「少しは改善をしようか」という気になるものです。

　こうしてＡ社は、積極的に問題を指摘して、問題はその日のうちにス

ピーディーに改善していくという空気がみなぎり、他の計画に関しても安易に「先延ばし」するのではなく、「決まったことはすぐにやる」という風土へと変わりました。

＊　　＊　　＊

　子どもの頃、夏休みの計画などを立てる際、勉強などに関しては「何時から何時までは勉強を」と決めたものの、「今日から」ではなく「よし、明日からやるぞ」と実行を先延ばししてしまったことはないでしょうか。

　人はせっかく計画を立て、決意を固めても、つい「今日から」ではなく、「明日から」へと自分を甘やかすところがあります。しかし、それでは計画の意味がありません。**大切なのは「すぐにやる」「今日からやる」なのです。**

2分の1に
きっちり

100点を目指すな、
60点でいいと考えろ

　PDCAにおける「実行」をためらわせる原因の一つに、「計画を立て実行したものの、期待通りの成果が出なかったら非難されるのではないか」という恐れがあります。

　なかには期待通りの成果が出ないと、「だから、やらない方がいいと言ったんだ」「この程度じゃあ失敗だな」などと批判する人もいて、それが嫌で実行をためらう人がいるのも事実です。

　しかし、それではいつまでたっても計画が実行に移されることはありません。こんな時、どうすればいいのでしょうか？

＊　　　＊　　　＊

　グーグルの元CEOエリック・シュミットがこんな言葉を口にしています。

＊　　　＊　　　＊

「良き行いを妨げるのは完璧主義である」
「新しいアイデアが初めから完璧であることはあり得ないし、完璧になるまで待っている時間はない」

＊　　　＊　　　＊

　そのうえで、今の時代に勝つ企業の条件をこう言いきっています。

　「プロダクトをつくり、出荷し、市場の反応を見てから、改善策を考

え実践し、再び出荷しよう。『世に出してから手直しする』。勝つのはこのプロセスを最も速く繰り返すことのできる企業だ」

* * *

シュミットが念頭に置いているのは「製品」ですが、製品以外の問題解決やプロジェクトについても同じことが言えます。トヨタ式に

100点を目指すな、60点でいいからまずやってみろ

という言い方があります。

計画を立てる際には、もちろん「よし、この方法でこの方向を目指そう」と考えて一歩を踏み出すわけですが、時に目標まではたどり着けないというのはしばしばあることです。そんな時、「たどり着いていない」ことを非難するのではなく、「踏み出す方向に間違いはなかったか？」を重視します。

もし踏み出す方向が間違っていたとすれば、それは計画自体が間違っていたことになりますが、踏み出す方向は正しかったにもかかわらず、目標よりもちょっとずれているとか、まだ届かないというのは気にする必要はありません。

方向さえ正しければ、「なぜ少しズレたのか？」「なぜ届かなかったのか？」という真因を調べて改善をすればいいのです。大切なのは計画を立てたなら、計画に従ってすみやかに実行に移すことです。そして期待通りの成果が出なくとも、その真因を調べては改善することを繰り返していけば、やがては目標に到達できるというのがトヨタ式の考え方です。

最初から100点満点を目指していては何もできなくなってしまいます。まずは合格点ぎりぎりの60点であっても、やってみることです。そこから改善を続ければ必ず100点にたどり着くことができるのです。

* * *

そして時に「＋40点」は職場の仲間や、お客さまが教えてくれることもあります。

* * *

トヨタで「あいつはできる」と評判のAさんが協力会社で生産改革に

取り組んだ時のことです。協力会社の人たちはＡさんがどんなにすごい改善をしてくれるのか楽しみにしていましたが、実際にはＡさんの行う改善は突飛なものではなく、ごく平凡なものでした。

　協力会社の人たちは最初は「こんなものか」とがっかりしましたが、しばらくしてＡさんが自分たちの「もっとこうしてほしい」「こうしてくれたらいいのに」という声を反映して改善を重ねていることを知り、その理由を尋ねました。Ａさんはこう答えました。

**　「私一人の力でできるのは 60 点の改善です。そこにみなさんの知恵が加わることで初めて 100 点の改善ができるのです」**

　Ａさんは最初から 100 点の改善を行うこともできましたが、それでは協力会社の人たちの知恵を無視した改善となり、協力会社の人にとっては与えられたものをやるだけの改善になってしまいます。そんな改善は意味がないと考えたＡさんは、まずは改善をやってみて、みんなの知恵を引き出しながら改善を進めることにしたのです。

　やがてＡさんの改善は、協力会社の人たちの知恵がたくさんついた、協力会社の人たちの改善へと成長し、トヨタにも負けないほどの素晴らしい生産改革を実現できたのです。

＊　　＊　　＊

　ＰＤＣＡにおいて大切なのは、計画を立てた以上、まずはやってみるということです。たとえ期待通りの成果が出なくとも、その時は「どうすればいいか」をお客さまや周りの人に尋ね、また自分で考えてみればいいのです。そのうえで問題があれば改善し、また一歩を踏み出せばいいのです。それを素早く繰り返すことさえできれば、必ずや目指す目標へとたどり着くことができるのです。

　一歩を踏み出すことなく、ただ考えているだけでは、何が正しいか、どうすればいいかは決して見えてくることはありません。

第6節

景気のいい時にこそ実行しよう

　大きな変化を起こす時ほど、選択肢はなるべく多く欲しいものです。時間や予算のゆとりも確保したくなります。失敗に備える必要もあるでしょう。

　一方で、人は目の前に危機が迫った時ほど、行動力は高まります。「今これをやらなければ会社が潰れる」というほどの危機に直面すれば、どんな人でも、どんな厳しい計画でも、「何が何でもやる」と奮起します。

　しかし、それでは時すでに遅しなのです。追いつめられてからでは、選択肢はそれほど多く残されていません。使えるお金も少なく、人も時間も限られています。もちろん失敗すれば命取りになりかねません。

　危機に直面してから何かを大きく変えようとすると、みんなの必死さがあるだけに、実行力は高まったとしても、できることには限界があり、その場しのぎの対策を実行するのがせいぜいで、危機を克服できないままに計画も失敗に終わることが少なくありません。

　一方、余裕のある時の改革は、お金や時間などに余裕があり、いろいろな選択肢はあるものの、今度は取り組む側の危機感が弱く、実行は案外と難しい面がありますが、**できるなら改革などは景気のいい時にこそ断行しなければならない**、というのがトヨタ式の考え方です。

＊　　＊　　＊

1990 年にトヨタは巨大化による組織の不具合を解消しようと、大改革に着手しました。部署を減らしてコミュニケーションの速い組織への大転換を図ろうとしたのです。

　周囲からは反対の声が聞こえてきました。

　当時はまだバブル景気の余韻があり、高級車も飛ぶように売れていました。ほとんどの人は「今のままでいい」と考えていました。こんな声が聞こえてきました。

　「こんなに儲けている時に、なぜ余計な改革をするのか」

　「せっかくうまくいっているのに、変えて失敗したらどうするのか」

　計画と、その実行に反対する人から出るのはいつもこうした声ばかりです。

　改革の責任者はこう答えました。

　「今せねばいかんのよ。まだ金にも余裕があるから、失敗してもやり直しがきく。とにかくやってみよう」

＊　　　＊　　　＊

　トヨタ式が重視するのは、こうした好調な時の改革です。

　理由はこうです。

　「問題が顕在化してからでは、取り返しがつかない。その前に解決しなければならない」

　好調な時というのは、問題があったとしても好調の影に隠れて、つい見逃しがちになります。あるいは、問題に気づいても「そのくらいは」と軽く見たり、「そのうちやればいい」と先送りをしてしまいます。だからといって問題が自然と解決されることはありません。問題を先送りすると、いずれ大きな問題となりがちです。

　その際、問題解決に向けるだけの資源があればいいのですが、もし不調に陥っていたら乏しい資源しか投じることはできず、十分な実行はできにくくなります。だからこそ、

改善は景気のいい時にやれ

がトヨタ式なのです。

大野耐一氏が合理化についてこう話しています。

＊　　＊　　＊

「合理化は、景気の良い時、あるいは儲かっておる時にやるべきである。貧乏してからやる合理化は、もう首切り以外に手がなくなってくる。減量経営もそうだ。本当に苦しくなってから贅肉減らしをやろうとしても、もう落とすべき贅肉もない。必要な肉まで削り取ってしまっては、本当の意味の減量に成功したとはいえん。景気や業績のいいうちに合理化をやるということが、一番大事なことじゃないか」

＊　　＊　　＊

トヨタは1950年の経営危機に際し、多くの社員を解雇していますが、その直後に起きたのが朝鮮特需で、少ない人数でかつて経験したことのない台数の車をつくる必要に迫られました。その際、人を増やすことなく乗り切ることができた一因には、それ以前から大野氏が工場で取り組み始めていたトヨタ式があったからです。

本当に困ってからできる対策には限りがあります。成果をあげるためには、困る以前にどれだけ計画し、どれだけ素早く実行できるかが何より大切なのです。

PDCAも同じで、「いつサイクルを回し始めるか」という時期がとても大切です。

理想は、課題や問題が顕在化しないうちに気づくことです。時間をかけてしっかりと真因を探り、十分に検討された計画を立てることができます。

そしてその計画を、「まだやらなくても大丈夫だよ」「慌てて何かをやって失敗したらどうするんだよ」といった反対の声に惑わされることなく、できるだけ素早く実行に移すことです。もちろん現実はいつも理想通りに行くとは限りませんが、問題に気づいたらすぐにPDCAを回し始めることです。

危機に陥ると、思い通りの改革を行うことはできません。「もっとこうしたい」「こんな問題を解決したい」と思い立った今こそが、実行の時なのです。

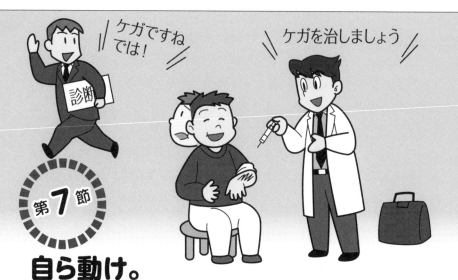

ケガですね では！

ケガを治しましょう

診断

自ら動け。
必要なのは診断士ではなく治療士だ

　ビジネスにおいては、計画を立てると人と実行する人が別である場合がよくあります。

　計画を立てた側が「これだけしっかりした計画を立てたんだ。あとはちゃんと実行さえすれば結果は必ず出る」と自信満々でも、実行する側は「なぜこんなバカな計画を立てたんだ？　こんなものできるわけがないんだから、結果なんか出るわけがない。現場のことを知らないにもほどがある」と文句たらたらということもしばしばです。

　こうした行き違いがあっては、PDCAサイクルは回りません。

　せっかく計画を立てたのに実行されないとか、成果が出なかったりした時は、計画を立てる側にいたとしても、まずは自分が動くことが求められます。

＊　　　＊　　　＊

　日本に本格的なモータリゼーションを起こすことを狙って1966年に発売を始めたトヨタ「カローラ」は、計画を上回る勢いで爆発的に売れました。そのため生産台数を当初計画の2倍に増やすことになりましたが、肝心のエンジン製造に必要な鋳物の生産が間に合わなくなりました。

　いわゆる「ボトルネック」です。これではいくら全体の生産を増やしたくても、ボトルネックがあることで生産量をそれ以上に増やすことはできません。

　生産の計画や調整を担当するトヨタ社員のＡさんは当然、鋳物工場に「これまでの倍つくるように」と厳しく指示します。

　しかし、いくら指示しても生産量は一向に増えません。

　大野耐一氏の指示を受けてＡさんが鋳物工場の現場に行くと、鋳物のつくり方に問題があることがわかりました。

　「今どきあんなつくり方をしていては、生産量が上がるわけがありませんよ」とＡさんが訳知り顔でものを言うと、大野氏はこう言いました。

　「それなら、お前が鋳物工場に行ってつくってこい」

　Ａさんの仕事は鋳物工場を調べ、「どうすれば生産量が上がるか」という計画を立てるところまでです。その先の実行は鋳物工場に任されていましたが、大野氏は「実行する」ことをＡさんに求めたのです。

＊　　＊　　＊

トヨタ式に次のような言い方があります。

診断士になるな！　治療士になれ！

大野氏がこう話しています。

　「現場を診断できる奴はごまんとおる。お前らはそういった診断士じゃない。現場を改善できる治療士じゃないといかん。いくら診断しても、現場は良くならない。現場を改善、つまり治療して初めて良くなる」

＊　　＊　　＊

　現場を見て、「あそこが問題だから、こうしたらいい」と診断をして、計画を立てることのできる人はたくさんいます。しかし、計画通りに実行できる人は、ほとんどいません。計画を批判することは誰にでもできますが、計画を実行して、結果を出すとなると、途端に腰が重くなります。

　だからこそ、トヨタ式では言ったことをきっちりと実行して、計画通りの成果を出せる治療士であれと言うのです。

＊　　＊　　＊

Aさんはすぐに鋳物工場に指導に行きました。

　普通ならAさんはトヨタの社員ですから、口頭で「あれをやれ、これをやれ」と指示するはずですが、Aさんは現場の人と一緒に身体を動かし、一緒になって知恵を出すことで改革を進めました。

　「部下は上司を3日で見抜く」ではありませんが、現場の人たちは「あれをやれ、これをやれ」と言う人が本気で熱意を持って取り組もうとしているか、「俺の言う通りにやれ」と上から目線で「言うだけの人」なのかをすぐに見極めます。

　そして前者とわかれば一緒になって実行しますが、後者とわかれば決して本気になることはないのです。Aさんは現場に出てみんなと一緒に働くことでみんなの信頼を獲得、やがて現場の人たちが本気で改革に取り組んだことで数ヶ月後には計画通りの量をつくれるようになったのです。

＊　　　＊　　　＊

　成果が出ないならそこには必ず「原因」があります。計画が思うようにいかないからと、動いてくれる人たちのことを愚痴ったり、非難するのではなく、**自ら実行の責任者になるという覚悟が周りを動かし、計画も前に進めます。人を動かすのは、**単に「良い計画」だとか、権力や権限ではなく、**理解と納得、そして熱意なのです。**

＊　　　＊　　　＊

　また、ある人は計画を考える過程で休憩時間や交代時間に現場に行き、現場の責任者たちと「実はこんなことを考えているんだけど」と話をするといいます。理由は自分たちが「頭の中」だけで考えた計画ではダメで、「現場の意見」を取り入れてこそ実行されると信じているからです。

＊　　　＊　　　＊

　計画は立てさえすれば、自ずと実行され、成果が上がるというものではありません。計画を着実に実行するためには実行者の理解や納得を得ること、時には自ら動くことも必要なのです。

62

「やる」ではなく
「やりきる」を徹底しよう

　計画段階を経て、実行段階に移ったら、日々、期待している成果と現状の差を見届けることが大切になります。そのうえでズレがあれば修正をするなど、トヨタ式の「**日々実践、日々改善**」を行うことで、目指す目標へと着実に近づくことができます。

　そしてそのためには一旦、実行段階に移った以上、単に「やる」のではなく、結果が出るまできちんと「やりきる」ことが必要なのですが、なかにはその我慢ができず、実行が中途半端なままに計画をコロコロと変えてしまう人もいます。

＊　　　＊　　　＊

　トヨタ式による生産改革に取り組んでいる企業のトップAさんはとても勉強熱心で、生産改革にあたっても先進企業を自ら視察に行くなど、自ら学び、自ら改革の先頭に立つ積極性も持っていました。

　改革において大切なのはトップがどれだけ熱意を持って取り組むかという点です。改革には必ず反対がつきものですが、トップ自身が先頭に立ち、改革に関心を持ち続ければ、最初は反対していた人たちも「トップがあそこまでやるのなら」としぶしぶでも改革に取り組むようになります。

63

反対に最初の「改革をやるぞ」という掛け声は勇ましかったものの、その後、トップの関心が薄れるようだと、反対している人の勢いが増して、やがて改革は頓挫します。

　その点、Aさんは全国各地にある工場にも熱心に顔を出しますし、月に一回は必ず全国の改革の責任者を集めて報告会を開くなど、とても熱心な経営者でした。しかし、たった一つだけ欠点がありました。

　Aさんは改革への熱意は人一倍なのですが、1つのやり方で成果が出ないと我慢ができないのか、すぐに新しいやり方を始めるように指示する悪い癖がありました。たとえば、「原価低減」という目標に対し、ある月は「作業改善でやれ」と言っていたものを、次の月には「自動機を入れたらどうだ」と言い出します。さらにその翌月には「いっそのこと人を抜いたらどうだ」と口にします。

　目標を早く達成したいがゆえの発言であることは十分に理解できます。しかし、方針変更がたびたびになると、現場や改革を主導するメンバーはたまったものではありません。メンバーの1人がこんな嘆きを口にしていました。

　「報告会などに一回でも出られないと、既に方針が変わっていて、『えっ、この前のあの方針はどうなったの』と浦島太郎状態になってしまいます」

*　　　*　　　*

　コロコロと方針を変えるデメリットはもう一つあります。

　「方針があまりにコロコロ変わると、現場の人たちが本気で取り組もうとしなくなってしまいます。みんなトップの気まぐれを知っていますから、報告会のあとで、次の方針を伝えても、みんなからは『どうせまた来月になったら変わるんだから適当でいいよ』と本気になってくれません」

*　　　*　　　*

　PDCAに限らず、誰だって計画を実行に移したら、できるだけ早く結果を出したいと願うものです。たとえば「5S」であれば、それまでたくさんのムダを放置していた企業なら、整理と整頓を徹底するだけでも、

ムダな在庫は減り、ムダなものや書類もなくなって、目に見えて数字や職場が変わりますが、なかには結果が出るまで時間のかかる改善もあります。だからといって、Aさんのように「これがダメなら、あれをやれ」などとコロコロとやり方を変えていてはやったことの検証もできませんし、結果を出すためにどのように修正すればいいかもわかりません。

＊　　　＊　　　＊

　かつてトヨタの海外工場に責任者として赴任したトヨタ社員が師匠である**大野耐一**氏にトヨタ式の定着が思うように進まないという悩みを手紙で打ち明けると、大野氏からはいつもこんな言葉を添えた手紙が返ってきました。

無理をせず、粘り強く

　ものごとを成し遂げるうえで大切なのは、この「粘り強さ」です。信じてやり続けましょう。

　同時に、一旦、手をつけたなら結果をきちんと「見届ける」ことです。やり始めたことは可能な限り最後まで「やりきる」ことで、いいならいい、ダメならダメと自分の目で確かめることを習慣にします。

　最もやってはいけないのは、ちょっとだけやって結果が出ないと、やりきることも、結果を見届けることもせず、手段や手法をコロコロと変えることです。トヨタ式改善で言われるのは**改善の効果は一直線に上昇するのではなく、小さな上がったり下がったりをくり返しながら上昇していく**というものです。

　まったく成果の出ないものをダラダラと続けるのは問題ですが、コロコロと変えすぎるのも問題です。計画はやり始めたなら、最後まで「やりきる」ことと、結果を見届けることが何より大切なのです。

計画の進捗状況を「見える化」しよう

　計画の立案にあたっては、「誰が」「何を」「いつまでに」を明確にして、その進捗状況を「見える化」することが必要だと書きました。

　理由は計画を確実に実行するうえで、「見える化」がとても効果的だからです。

　「見える化」には次のようなメリットがあります。

＊　　　＊　　　＊

1　関心の低下を防ぐ

　計画を実行し始めた頃は、メンバーはやる気に溢れ、周りの人たちも強い関心を持っています。ところが、時間が経つにつれて、周囲の関心は薄れ、メンバーのやる気は低下します。計画の実行を後押しするのは、実は周りの人たちの強い関心なのです。進捗状況の見える化は、周囲の関心をそらさない効果もあるのです。

＊　　　＊　　　＊

2　進捗状況を共有できる

　「次はどうするか？」を考え、計画を効率よく実行するためには、今、どのように進んでいるのか、どこかで問題は起きていないのか、といっ

たことをメンバーが常に共有しておく必要があります。「見える化」は情報共有の最強のツールです。

* * *

3　自然に「評価」ができる

　進捗状況が見える化されていれば、メンバーにいちいち聞かなくとも、計画の進み具合がわかりますし、計画に対してどこが遅れているのか、どんな対策が必要なのかがわかります。計画は単に実行するだけでなく、「評価」や「改善」も欠かせません。その際に「見える化」はとても役に立ちます。

* * *

　トヨタ式を実践中の事務機器メーカーＡ社が、工場のゴミゼロを実現するためのプロジェクトに取り組んだ時のことです。

　ゴミゼロを実現するためには、工場で働く１人１人が意識を高め、ゴミの分別などに積極的に協力するのが必要です。

　ところが、当初はみんなの協力が思うように得られず、期待通りの成果が出なかったため、メンバーは、Ａ社トップに「みんなに協力するようにという指示を出してほしい」と依頼しました。

　すると、トップはこんなことを言いました。

* * *

　「工場の人たちは今でも大変な仕事をしているのだから、過度の負担をかけないようにしてほしい。みんなが率先して参加できるように楽しく活動を進められる方法を工夫してほしい。そのために情報は決して飼い殺しにしないように」

* * *

　メンバーは最初はこの言葉の意味がわかりませんでした。

　しかし、要は「ゴミゼロのためにもっと細かく分別しよう」とみんなに無理な要求をするのではなく、情報を公開、共有し、みんなが楽しく気軽に参加できる活動にしていくことが大切だと気づきました。

　実際、それまではプロジェクトチームの都合でやたらと細かいルール

を決めて、「決まったことだから守ってもらわないと困る」とばかりに、守らない人に厳しく注意しては反発を買っていました。

　そもそも「なぜゴミゼロなのか」をみんなが納得していないわけですから、どんなに理想的な目標を掲げ、計画を立てても、現場の人たちによって実行されるはずがありませんでした。

　言わば、これまでは自分たちだけですべての情報を抱え込んでいたわけですが、「現状はこうで、こうすればゴミゼロに近づくことができて、こんなメリットがありますよ」といった「情報」をきちんと表に出すことで初めて、みんなの納得を得ることができるし、協力も得られるのです。

＊　　　＊　　　＊

　トップの言葉を受け、メンバーはみんなのアイデアを盛り込んだり、みんなを巻き込むことこそが成功の鍵だと考えるようになりました。

　そこで、壁新聞をつくって、「なぜゴミゼロが必要なのか」をわかりやすく説明したり、「分別のその先へ」と出した展示により、分別したペットボトルなどがどのようなものに再利用されているのかを実物で示すなど、ゴミの分別への理解を深める工夫をしました。

　さらに社員からもアイデアを募ったり、活動の進捗状況を貼りだすことで関心を持ち続けてもらうようにしました。

　こうした「みんなを巻き込む活動」を続けた結果、ゴミゼロに向けたPDCAは回るようになり、さらに「出口」ではない、「入口のゴミ」を減らす工夫もしたことで、ゴミの量は目に見えて減るようになったといいます。

　計画を実行に移すうえでは、本人の熱意も欠かせませんが、周りの人たちの理解や関心も欠くことはできません。みんなが計画や進捗状況に関心を持てば、計画は自ずと実行されます。情報は飼い殺しにするのではなく、みんなに見えるようにして、みんなの知恵を借りるようにします。それが計画の実行を後押しする力となるのです。

第3章

評価 C の基本は
現地現物と
微調整にあり

こまめに改善を繰り返せ

　「計画」を立て、計画を「実行」したあとには、「評価」や「改善」が待ち受けているわけですが、**トヨタ式PDCAの特徴は実行が終わったあとで行うのではなく、日々行うという点にあります。**

　普通の会社では、個人や職場の「目標」は月間や週間で設定します。

　営業社員であれば、年間目標のほかに、月間の目標が与えられ、月末になって初めて「今月の目標を達成できたかどうか」を評価します。

　PDCAの計画においても、たとえば「半年後に不良率を半分にする」という目標を掲げてプロジェクトを進めた場合、その評価は半年が経過したあとに初めて行うことになります。もちろん中間地点での評価などは行うにしても、基本的には設定した期間が終了したあとの評価というのが一般的です。

　しかし、これでは半年が経過するまで、目標が達成できたかどうかがわからないことになりますし、仮に半年後に目標が達成できず、「なぜ目標が達成できなかったのか」について振り返ろうとしても、細かい点の記憶は曖昧になっていますし、あとになって「あの時にこうしておけばよかった」と気づいたとしても後の祭です。

　もちろんすべてを終えたあとの反省は大切なことですが、もし目標を確実に達成したいのなら、計画を実行する過程で、日々生じるズレや問

70

題に気づき、その場で速やかに改善をしていくというのが最も良い方法です。

＊　　　＊　　　＊

トヨタ式を実践しているＡ社が間接部門の人数を半分にするという取り組みを行ったことがあります。原価低減などへの取り組みは一般的には生産部門が中心になって行いますが、実際の製品価格には直接原価だけでなく、間接部門などの経費も上乗せするため、生産部門が必死に改善に取り組んだとしても、間接部門の改善が進まないと、「あんなにがんばったのに、案外原価が下がらなかったね」ということもしばしばです。

これでは強い価格競争力を手にすることはできません。

そこで、Ａ社は生産部門だけでなく、間接部門についても業務の見直しと人員の削減によって原価低減に取り組みました。最初に取り組んだのは職場の5Sと、ムダどり、そして業務の標準化です。

私たちの「仕事」にはたくさんの「ムダ」が含まれています。生産部門のムダは「付加価値を生まないもの」となりますが、間接部門の場合は「お客さまのいないもの」となります。たとえば、日々たくさんの書類を作成していても、その中には誰も読まない、ほとんど活用されることのない書類などもあります。

こうしたものを「ムダ」として整理をしたうえで、残った仕事について標準作業をつくって誰にでもできるようにしたり、1人に任せきっていた仕事を複数の人ができるようにする「多能工化」を進めました。

ここまでが第一段階です。

こうして「これならある程度少ない人数でも仕事が回せるのでは」となった段階で、Ａ社は職場の人数を一気に目標である「半分」に減らしました。

当然、反対の声があがりました。

「一気に人数を減らして仕事がこなせなくなったらどうするつもりだ」

「残された人間に過度な負担がかかって残業が増えたらどうするつもりだ」

A社のプロジェクトチームはこんな対策案を出しました。

「人数が減って、たとえば明日はとても間に合いそうもないという時には応援部隊を出しますから、遠慮なく申し出てください」

トヨタ式の工場では作業をしていて、不良品が出たり、作業が遅れるといった問題が起きた時には、作業者の判断で生産ラインを止めることができます。そのうえで「なぜ問題が起きたのか？」を調べて改善を行い、再び同じような問題が起きないようにするのがトヨタ式のやり方です。

A社の場合、「仕事が間に合わないから応援を」というのが、言わば「問題が起きてラインを止める」にあたります。応援の依頼に対しては応援部隊を出して、まず仕事を片付けます。そのうえで、「なぜ間に合わないのか？」について原因を調べて、「どうすれば改善できるのか？」を考えます。

つまり、「間接部門の人数を半分にする」という目標に対し、プロジェクトを終えたあとで「評価する」のではなく、日々、問題が起きるごとに評価を行い、その都度、改善を行います。「毎日、計画の進捗状況をたしかめ、ズレがあればすぐに改善をする」というやり方です。

こうしたこまめな改善を重ねるうちに、それぞれの職場からの応援依頼は徐々に少なくなり、数ヶ月後には半分の人数でも問題なく職務を遂行できるようになりました。

　　　　　　　＊　　　＊　　　＊

PDCAサイクルを回す時、もちろん大きなCやAも必要ですが、そこでしっかりとした成果をあげるためには、小さなCとAを繰り返すことです。毎日、目標と結果の違いを確認して、小さな問題に気づいて小さな改善を行います。

そうすれば確実に大きな目標に近づくことができるし、時には計画よりも早くより良い成果にたどり着けます。

第2節

計画は大事だが、柔軟性も欠かせない

　「計画を実行する」ことと、「計画通りに実行する」ことの間には大きな差があります。

　真因をつかみ、複数の案を比較検討することで最善のものを選んで練った計画ですから、「計画通り」に実行したいし、「計画通り」に実行さえすれば、期待通りの成果が上がると考えても不思議ではありません。**しかし、現実には「計画通り」にこだわりすぎると、時に大きな間違いを犯します。**

　アマゾンの創業者**ジェフ・ベゾス**が「計画」についてこんなことを言っています。

＊　　＊　　＊

　「現実に遭遇してみて役に立った計画など何一つなかった」

＊　　＊　　＊

　ベゾスは几帳面な性格であり、起業にあたって「完璧な計画書」をつくっています。「計画を立て、それを書き表すことによって、そこにあるさまざまな問題点をよく考えることができるし、それによって考え方や気持ちが整理され、気分も良くなってくる」と話しているように、「計画を立てる」ことは、物事を始める「第一歩」とも言っています。

しかし、その一方で「現実は決して計画通りにいかない」し、「計画に奴隷のように縛られるのは愚かなことだ」とも言いきっています。理由は「ある週に決めたことが、翌週にはもう変わる」というほどの変化の激しいビジネスを展開している場合、計画に固執しすぎると変化に対応できず、せっかくの好機を逃すことになるからです。

　計画は綿密に立てるものの、変化に気づいたら計画を平気で破棄したり、大幅に修正するといった細心さと大胆さの両方があってこそ成功できるというのがベゾスの考え方でした。

＊　　＊　　＊

　ＩＴビジネスほどの急激な変化はないにしても、どんな業界でも市場は、常に漸増、漸減といった変化を繰り返すものです。どんなに綿密な計画を立てたつもりでも、計画と現実の市場の間にはズレが生じます。

　にもかかわらず、市場の変化と計画とのズレを無視して「計画通り」に固執してしまうと、何が起こるでしょうか？

　ものづくりであれば、予測と実態がズレてしまうと、売れるものは足りなくなり、売れていないものの在庫ばかりが積み上がることになってしまいます。結局はどこかで大幅な計画変更をせざるを得なくなり、計画そのものが「失敗」の烙印を押されることになりかねません。

　「一旦決めた以上は、その通りに」

　「計画を安易に変更するのはみっともないことだ」

　こんなことにこだわっていては、正しくＰＤＣＡを回すことはできません。

　こうしたズレを防ぐために、トヨタ式が早くに取り入れたのが「**かんばん**」です。

　かつて多くの企業の生産は計画に則って行われていました。１日にAという商品を何個、Bという商品を何個生産するといった計画を立て、その通りに生産を行っていましたが、計画はあくまでも「つくり手」が決めるものでした。

　一方、トヨタ式のつくり方は「市場の売れに合わせてつくる」ことが基本です。当初の予定では「Aを4台、Bを6台」と決めていたとしても、市場での売れ方に合わせてものをつくるうちに「Aが6台、Bが3

74

台、Cが1台」になることもあるというのがトヨタ式のやり方です。

　こうした変化への対応は、誰かが会議を開いたり、誰かが変更のために走り回るわけではなく、「かんばん」の出し方だけで可能になります。これがトヨタ式に組み込まれた「微調整機能」です。

　「かんばん」はこのような考え方に基づいています。

> 市場が完全に読み切れない以上、状況が変われば、やり方を変えていくのも当然であるし、また変化に対応できるよう現場の体質をつくり上げていくことが大切である

　ここで**大切なのは「実行」する過程の中に、「評価」と「改善」が日々組み込まれているという点**です。第1節でも触れましたが、たとえば1ヶ月の生産計画を立て、その計画通りに実行して、1ヶ月後に評価したところ計画と市場の現実との間にズレがあり、たくさんの在庫が積み上がる一方で売れ筋が品切れを起こしたことに気づいたとしても、既に遅すぎるのです。

　そこから慌てて新たな計画を立てたとしても、それを実行する過程では再び同じようなズレが生じる恐れがあります。もしそれが何ヶ月も続いた場合、抱える在庫は大変な量になり、経営を圧迫することにもなりかねません。

　それを防ぐためにも、**計画を立てて実行に移る時には、微調整機能を組み込むことが大切**なのです。もしそれが難しいようなら1日を終えた段階で計画とのズレを評価し、遅くとも翌日には改善するという、**「小さなPDCA」を回すことが必要**になります。「大きなPDCA」を回す一方で、こうした日々の微調整を行ってこそ大きな目標を達成することができるのです。

　もちろん、「どうせ計画をつくっても途中で変わるのだから」と、最初からいい加減な計画を立てることは許されません。しっかりとした計画をつくり、着実に実行する過程で、現場が柔軟に対応できるように微調整機能を持たせることができるかどうかが成果を左右するのです。

評価では「平均」や「率」を過信するな

　計画の立て方とも関連することですが、計画を実行したあと、「評価」するにあたって、「平均」や「率」を過信しすぎると間違いを犯すことがあります。

　たとえば、「原価を10％減らそう」という計画があった時、「一律10％」と解釈してしまうと、ものによっては品質の低下を招くといった失敗をすることがあります。あるいは、「とにかく10％下げればいいんだろう」と本来自分たちがやるべき努力をしないで、協力会社などに過度の負担を強いることで10％下げることができたとしても、それは単に「利益の収奪」であり、正しいやり方とは言えません。

　ただ単に「率」だけを見て、「計画を達成した」「計画を達成できなかった」と評価するのではなく、「どうやって達成したのか」「なぜ達成できなかったのか」といった過程をしっかり評価することも大切なのです。

＊　　　＊　　　＊

　かつてイトーヨーカ堂の創業者・**伊藤雅俊**氏が在庫のムダの解消のために、**大野耐一**氏を訪ねたことがあります。流通業と車の生産には何の関連もなさそうに思えますが、伊藤氏は「在庫管理」にトヨタ式のノウハウが使えるのではと考えたのです。

　当時、イトーヨーカ堂は「平均3ヶ月」の在庫を持つようにしていま

したが、現実には在庫不足による機会損失が発生する一方で多すぎる在庫という悩みも抱えていました。伊藤氏は、適正な在庫を保つにはどうすればいいかを相談しました。

大野氏はこうアドバイスしました。

「それぞれの品物1点1点の在庫内容を細かくチェックされてはいかがですか」

こういうことです。

＊　　＊　　＊

1　よく売れる製品は在庫ゼロに近い状態になっていないか。

2　売れない製品の中に何ヶ月も動かず埃をかぶっているものはないか。

3　両者を平均して「3ヶ月」という数字になっていないか。

4　平均の数字を離れて、製品一つひとつの在庫を正確につかんではどうか。

＊　　＊　　＊

さらにこうアドバイスしました。

「製品一つひとつについて、『なぜ売れないのか』『なぜ在庫が不足するのか』を徹底的にチェックしたらどうか」

「平均3ヶ月」というのは当時の流通業界の常識のようなものでした。経営数字を見る時も「平均3ヶ月」とのズレはチェックしても、製品一つひとつについてチェックすることはありませんでした。しかし、これではいつまでたっても「売れる製品の在庫不足」と「売れない製品の在庫過多」という問題を解決することはできません。良い改善を行うためには、個々の情報を正しくつかみ、個々に改善をすることが大切だというのが大野氏の考え方であり、伊藤氏は大きな示唆を与えられたと言われています。

＊　　＊　　＊

同じように「率」だけを見て、計画の達成具合を評価するのが危険な時もあります。

ある宅配便の会社で、期日通りに届けられない未達率が1年間のプロ

ジェクトを経て５％から４％に改善したという報告が行われました。目標の3.5％には届きませんでしたが、数字が改善されたことは事実であり、会議の参加者みんなが成果を喜ぶ中、トップは「それで未達の個数は？」と質問しました。

　前年の取扱個数は１億個で未達率５％ですから、未達個数は500万個となります。

　一方、今年の取扱個数は２億個と倍増しています。未達率は４％ですから、未達個数は800万個となります。

　その数字を聞いて、トップはこう質問しました。

　「たしかに未達率は改善されたが、未達個数は300万個も増えている。これを『良くなった』と言っていいものだろうか？」

　未達率が改善されたのは事実ですし、それ自体は立派な取り組みと言えますが、トップの目には「未達個数が300万個も増えた」ことこそ「大変な問題」でした。

＊　　＊　　＊

　ホンダの創業者・**本田宗一郎**氏が「不良率１％といったって、その１個を高いお金を出して買ったお客さんにとっては不良率100％じゃないか」と言っていましたが、たしかに「お客さまの立場」に立てば、どれだけ未達率が改善されたか以上に「自分の荷物はちゃんと届いたのか」の方が大きな問題です。

　あるメーカーのトップが「不良率だけを見ていると、一体、何個の不良が出て、金額にしていくらの不良が出たのかがわからなくなってしまう。不良について考える時は率だけでなく個数や金額も同時に調べる必要がある」と話していました。たしかに不良率が改善されたとしても、個数が増えたり、金額が増えてしまっていては本当の意味で「良くなった」と評価することはできません。

＊　　＊　　＊

**　計画を実行したあとの評価に関しては平均や率といった全体の数字を見るだけでなく、個々の数字を細かくチェックしてこそ、初めて本当の問題がわかるし、今後、何を改善すればいいのかも見えてくるのです。**

報告に頼るな、自分の目で確かめろ

　PDCAの「評価」を行うにあたって、自分の目で現場を確認することなく、報告やデータだけに頼ると、やはり思わぬ間違いを犯すこともあります。

＊　　＊　　＊

　中堅企業の経営者A氏は、事務系の出身ということもあり、役員会や各種の会議で技術系の話になると、技術系の役員の報告をそのまま信じ、了承を与えていました。

　しかし、報告では「順調にいっている」はずの業績が徐々に下がり始めたのです。

　さすがにA氏自身も、「情報伝達がおかしいのでは」と感じるようになりました。

　そこで、役員たちの報告をチェックするために、現場に頻繁に足を運び、現場の人たちから直接話を聞くようにしました。すると、役員の言葉には多くの嘘や誇張があり、都合の悪いことはA氏に報告せず隠していることがわかってきました。

　これでは正しい経営判断などできるわけがありません。

　業績が下がるのも当然のことでした。

　一方でA氏は、報告を聞くだけで了承を与えていた自分にも非がある

と考え、役員を叱責することはありませんでした。

　その代わりにそれまで以上に熱心に現場に顔を出し、自分が疑問に思ったことは直接現場に人たちに話を聞き、「どうすれば改善できるか」などの知恵を借りるようにしました。やがて、Ａさんが自ら頻繁に現場に足を運んでいることを知った役員たちは、以前のようにいい加減な報告をすることはなくなり、良いことも悪いこともきちんと報告をするようになりました。

　そしてＡ氏自身も、現場で自ら情報をチェックする習慣がついて以来、会議などで話を聞いただけで「何かおかしいな？」と気づくカンが働くようになりました。

　トヨタ式に「現場は見たのか？」という言い方があります。

　部下などが報告に来て、「何かおかしいな？」と感じた上司がしばしば口にするのが「**現場は見たのか？**」です。

　すると、実際には自分では現場に行かず、部下や協力会社の報告などを聞いて、そのまま報告に来ているということがしばしばあるといいます。

　これでは部下も上司も「正しい判断」などできるはずがありません。

　Ａさんが「現場は見たのか？」を自ら実践するようになったことで、同社では情報が正しくスムーズに流れるようになり、会社の業績も上向くことになりました。

＊　　　＊　　　＊

　こうした「報告と実態のズレ」はしばしばあることです。

　ある企業の改善発表会に参加したところ、立派なグラフや図表を元にさまざまな改善の報告が行われました。見事な成果でした。

　ところが、元トヨタ社員のコンサルタントが「じゃあ、どんな改善をしたか現場を見に行こう」と言ったところ、発表者たちが急に慌て始めました。実際に現場を見に行ったところ、報告ほどには現場は整理整頓もされておらず、倉庫にはたくさんの在庫の山が築かれていました。それを見たコンサルタントがこう言いました。

　「きれいなグラフや図表をつくる暇があったら、もう少し現場をきれいにしたらどうですか。在庫だってパソコンにデータを入れなくても、

紙に日付や数量を書いておけばよほどうまく管理できるから」

　報告を聞き、データを見て、「よし、うまくいった」と言っているだけでは本当の「評価」とは言えません。

　正しく判断するためには、正しい情報が欠かせません。その中には良い情報もあれば、悪い情報もあるわけですが、悪い情報を知らせまいとデータの加工や隠ぺいなどがあった場合、正しい評価など不可能になってしまいます。隠蔽や不正を防ぐためにも、企業には悪い情報を優先する「バッド・ニュース・ファースト」や、「現場は見たのか？」といった習慣を欠くことができません。

　グーグルの元CEO **エリック・シュミット** がこう話しています。

＊　　　＊　　　＊

　「悪い知らせを報告する役回りは避けたいというのは、最も普遍的な人間的欲求の一つに挙げられるだろう。だがリーダーに一番重要なのは、まさに悪い知らせなのだ。良い知らせは次の日もあまり変わらないが、悪い知らせは日を追うごとにさらに悪くなっていく。だから部下が身の危険を感じることなく、どれほど厳しい知らせであっても、報告できる環境を常につくっておくことが大切なのだ」

＊　　　＊　　　＊

　シュミットによると、たとえ何かが計画通りに進んでいないとしても、その事実が迅速かつ率直にトップに報告されるなら、情報伝達プロセスがきちんと機能していることは確かだ、ということが確信できるというのです。

　ある企業の経営者は、いつも「玉ねぎは泥つきのまま持ってこい」と言っていました。

　部下は上に情報を上げる時、良い情報はそのまま上げたとしても、悪い情報はつい加工しがちです。時に保身からかもしれませんし、時にトップが悪い情報を嫌うからかもしれませんが、情報を加工されると、トップは正しい判断を下すことができなくなってしまいます。

　PDCAをチェックする時、欠かせないのが「正しい情報」です。そしてそのためには悪い情報も正確に伝わる、そんな環境をつくっておくことも不可欠なのです。

か…
勝った!?

成功した時にこそ反省しろ

チェックする時のポイントは2つあります。

> 1 実行のプロセスをチェックする
> 2 うまく実行できた時ほど厳しくチェックする

　トヨタ式に「**品質は工程でつくり込む**」という言い方があります。製品の出来不出来を最終の検査で確認するのが一般的ですが、検査で「これは良品、これは不良品」と選別したとしても、それだけでは良品を安定してつくることはできません。

　たしかに不良品やお客さまの手に渡ることはありませんが、そのままの工程では不良品ができるという事実が変わることはありません。大切なのは「なぜ不良品ができたのか」という真因を調べて徹底的に改善をすることです。そうすることで工程はより良いものになり、安定して良品を生産できるようになるのです。

　だからこそ、トヨタ式は「結果」以上に「プロセス」を大切にするのです。

　PDCAにおいても、計画を実行して成果を出すことは大切ですが、それ以上に、どのようなプロセスを踏んで実行し成果を出したのかを重

視します。

プロセスがしっかりしていれば、誰がやっても、何度でも同じ成果が得られます。幸運や偶然、特別の才能などといった要素をできるだけなくして、ＰＤＣＡから標準作業、何度でも再現できるやり方を導きだそうとするのです。

そのためには期待通りの成果が出なかった時には、「なぜうまくいかなかったのか」をしっかりと反省して改善を行うことはもちろんですが、**期待通りの成果が出た時も「なぜうまくいったのか」をしっかりと検証することが大切なのです。**

大野耐一氏がこう言っています。

＊　　　＊　　　＊

「チェックとは反省である。目標を達成できなかった時の原因は誰でも追及するが、達成した時の反省はほとんどしない。なぜ達成できたかをつっこんで調べて活用することが大切だ」

＊　　　＊　　　＊

失敗した時の反省は当然として、成功した時の反省がなぜ必要なのでしょうか？

ボクシングの世界に「ラッキーパンチ」という言い方があります。

試合の流れは良くなかったものの、一発のラッキーパンチによって勝利を手にするというものです。

他のスポーツでも、そしてビジネスの世界でも、ラッキーパンチによって救われるケースがあるものです。そんな時、「勝ちは勝ちだ」と喜ぶのはかまいません。しかし、「結果さえ良ければ」と、プロセスが問題だらけだったことを忘れて、自分の実力だと勘違いすると、大きな間違いを犯すことにもなります。

勝利の中にも反省すべき点は多々あります。ましてや偶然の勝利は「まぐれ当たり」として忘れ、そこから次への教訓を得ることが何より大切なのです。

＊　　　＊　　　＊

トップに立つような人は、勝った時にこそ厳しい反省を自らに課して

います。

＊　　　＊　　　＊

　平泳ぎのオリンピックメダリストで2大会連続の2種目制覇を達成した北島康介氏を育てた水泳コーチの平井伯昌氏も「勝利に酔う」ことの怖さをこう指摘していました。

　平井氏によると、結果が出た時に「なぜ勝てたのか」をしっかり分析しておかないと、不調に陥った時に「どうすれば調子が戻るか」がわからなくなるといいます。すると、勝利した瞬間が「人生最良の日」となってしまい、その後、その日を超えられなくなってしまうのです。

　勝ち続けるためには勝った瞬間にも「なぜ勝ったのか」を分析して、次への準備を怠らないことが大切なのです。

＊　　　＊　　　＊

　「十分な成果が上がった」「期待をはるかに上回る結果が出た」という場合のチェックはどうしても甘くなりがちです。

　「うまくいったからこそしっかり検証しなくては」と提案しても、返ってくるのはこんな答えばかりです。

　「うまくいったんだから何も悪いところを探さなくても」

　「せっかくいい成果が出ているのにケチをつけるつもりか」

　「まあまあ、固いことは言わずに成果を喜ぼうよ」

　多くの人にとって、「成果が上がった」ことは、「すべて良し」と同じことなのです。

第6節

失敗したからと安易に「元に戻す」な

　PDCAを回す時、大きな問題になるのが「失敗」をどう評価するかです。

　企業によっては、計画通りの成果が出るどころか、明らかな失敗となると、責任者を非難したり、元に戻すことがよくありますが、こうした「全否定」は決して好ましいことではありません。

　もちろんものごとを甘く見たり、十分な準備を怠った失敗は非難されるべきですが、十分に計画を練り、上司の承認も得て進めた計画であれば、「全否定」ではなく「なぜうくまくいかなかったのか？」を検証すべきです。

　トヨタ式の特徴は、失敗を前向きに評価するところにあります。

　歴代のトップがこんな言葉を口にしています。

＊　　　＊　　　＊

　「どんな理想も実現されなければ、それは単なる理想でしかありません。実現するということは、行動することです。私たちのたくさんの行動の中には失敗も多いと思いますが、失敗はどんどん改めて次の行動に移り、あくまでも目標を達成するまで努力することが必要であります」
（豊田英二氏）

＊　　　＊　　　＊

「何もしない、何も変えないことが悪いことだと考えて欲しい。トライして失敗すれば、またトライすればよい」(**奥田碩**氏)

＊　　＊　　＊

「人間ですから、一発で100点を取れることはない。少しタイミングが早すぎたり、遅すぎたりしたこともあります。ただ、踏み出す方向が180度間違っていなければ、途中ですぐに改善、つまり軌道修正すればいいと思っています」(**張富士夫**氏)

＊　　＊　　＊

これがトヨタの「失敗」に対する考え方です。トヨタには「3年何も変えなければ会社が潰れる」という考え方があるほど「変えること」「変わること」に強いこだわりを見せています。もちろん「変える」前には真因を調べ、たくさんのアイデアを出して比較検討をするなど計画策定にはベストを尽くしますが、それでもいざ実行をしてみると「失敗」することはよくあります。

そんな時、「変えたから失敗したんだ、元に戻せ」とやってしまうと、誰も変えようとはしなくなりますし、そもそも挑戦的な計画など誰も考えようとはしなくなってしまいます。それでは企業としての成長はありません。

そうならないためにトヨタ式が大切にしているのが次の考え方です。

改善が改悪になったら、元に戻すのではなく、 もう一度改善しろ

何かを変えて失敗をすると、たいていの場合は「元に戻せ」となりますが、それでは何も変えられません。

目指す目標や方向が正しいのなら、決して諦めることなく「もう一度変える」ことが大切なのです。

計画が困難である時だけでなく、独創的だったり、大がかりだったりすると、実行をためらう人が少なくありません。理由は、失敗への恐れです。

100％の成功が約束されいれば、誰一人実行をためらう人はいないでしょう。それどころか、われ先に飛びつくはずです。しかし、現実には100％の成功が約束された計画など存在しませんし、もし約束されているなら、それは凡庸な計画であり、「挑戦的な計画」とは呼べないはずです。

　だからこそ、失敗した時の評価が重要になるのです。

　失敗した時、責任を厳しく追及されたり、周囲から「元に戻せ」「余計なことをするな」などと集中砲火を浴びせられるようでは、再挑戦はもちろんのこと、何かに挑戦する人すらいなくなってしまいます。

　仕事を甘く見ての失敗は許されませんが、たとえば意欲的な挑戦や、大きな落ち度のない失敗などはむしろ評価されるべきではないでしょうか。GE の伝説の CEO **ジャック・ウェルチ**がこんなケースを例に挙げて「失敗の評価」について語っています。

＊　　　＊　　　＊

　ある年、GE は在庫回転率を 10 に上げ、営業利益率を 15％に高めるという 2 つの目標を掲げました。これまで前者は 5 を超えたことはなく、後者は 11％が過去最高だっただけに、ＧＥにとっては非常に野心的な目標でした。ウェルチの言う「星に向かってストレッチをする」ほどの目標であり計画です。

　ところが、結果は計画通りにはいきませんでした。

　営業利益率は 15％を達成したものの、在庫回転率は 9 にとどまりました。一方は「達成」であり、もう一方は「未達」です。普通は努力不足と言われたり、責任を追及されるところですが、ウェルチは未達ではあっても、過去の実績を上回ったことを評価しました。こう言いました。

　「こういう時、GE では『未達』という表現を使いません。祝うべき勝利とみなします」

　高い目標を掲げれば、失敗することもあります。それでも**「今まで通り」なら決してなし得なかった成果を上げたとしたら、それは大きな勝利**となります。そんな時は非難するのではなく、喜び、「では、どうすれば達成できるか」を考えて、次なる一歩を踏み出せばいいだけなのです。

時には「やめる」決断も

前進か撤退かは、いつも難しい問題です。

PDCAの「計画」の前、あるいは「実行」の前に、あらかじめ撤退ラインを決めておくと、チェックの助けになります。

たとえば、こうです。

＊　　　＊　　　＊

1　1ヶ月で5％アップの最低目標が達成できなかったら計画に戻って根本的にやり直す。

2　ライバルが類似製品を出した時点で再検討のために撤退する。

＊　　　＊　　　＊

かつて京セラ創業者の稲盛和夫氏が「大衆のために安い電話料金を実現し、アメリカのような安い料金で電話が使えるようにしたい」と第二電電（DDI。現在の au）を設立した時のことです。

当時、日本の電話事業は NTT の独占であり、その巨大企業に一民間企業が挑戦しようというのですから、それはあまりに無謀な計画として周囲はみな反対をしましたが、稲盛氏は「撤退ライン」をはっきりさせることで役員たちの了解を得ようとしました。こう言いました。

＊　　　＊　　　＊

「冒険をやりたい。1000億円損するかもしれない。今までで、会社に

は1500億円の金がある。これを使わせてくれ。パチンコではないけれど、1000億円までで打ち止めにする。でも、芽が出てきたらひょっとするかもしれない」

＊　　＊　　＊

　創業者ならではの大胆な決断です。

　稲盛氏の計画は「火中に栗を拾いに行くようなもの」と言われましたが、「安い電話料金を実現したい」という志と、「1000億円まで使わせてくれ」という強い決意がウシオ電機の牛尾治朗氏やセコムの飯田亮氏、ソニーの盛田昭夫氏といった企業家の心を打ち、彼らが強力な支援者となったことでその後の成功へとつながっています。

　しっかりと計画を立て、全力で実行してきたのに、チェックの段階で「これは無理かもしれない」となった時、こうした「撤退ライン」が曖昧だとなかなか「やめる」という決断ができにくくなってしまいます。こんな言い訳が出ます。

＊　　＊　　＊

　「せっかくこれだけの人や費用をかけたのに今さらやめるわけにいかない」

　「ここまでやってきてここでやめてしまったらトップの責任問題になる」

＊　　＊　　＊

　こうした言い訳が先に立ち、「あと少し」と無理をしたり、意固地になると、事態がさらに悪化するというのはよくあることです。

　たしかにそれまでにかかった費用や時間、労力をムダにはしたくないでしょう。「期日に間に合わなくなる」という恐れもあるかもしれません。

　あるいは、責任問題にもなりかねないだけに、まずは進めて、あとで辻褄を合わせていけばいいと考えたくなっても不思議ではありません。

　しかし、「あっ、これはまずい」というほど明らかに狂いの生じたPDCAは、少々の修正では間に合わず、サイクルを回せば回すほど傷が深くなるものです。

　PDCAは絶対に回し続けなければならないものではないし、「やめる」

89

ことができないものでもないのです。

　間違ったり、致命的な問題が生じた時には、「やめる」とか「ゼロベースでやり直す」という結論を出すことも大切なのです。

　日本の官僚の世界などで見られることですが、一旦、計画を立てた以上、その計画が失敗するのではないかと考えること自体やってはいけないという考え方のもと、修正や撤退が後手に回るということがよくあります。これは傷を深めるだけの愚かな考え方です。最初から「できない」と決めつけてはできることもできなくなりますが、一方で「こうなったら潔く撤退する」と決めておくことで「やめる」という決断が楽になるということもあります。

＊　　＊　　＊

　その点、アップルの創業者**スティーブ・ジョブズ**はどれほど人や時間、費用をかけた計画でも、途中で、「これはダメだ」と気づいたら躊躇なく「リセットボタンを押す」ことで知られていました。

　アップルストアの第1号店の詳細な検討が終わりに近づいたころや、iPhoneの開発が終盤に近づいたころ、こう言って、リセットボタンを押しています。

＊　　＊　　＊

　「正しくやれるチャンスは一回しかない。良くない部分があった時、それを無視してあとで直せばいいというのはダメだ。そんなのはほかの会社がやることだ」

＊　　＊　　＊

　それは何ヶ月もの労力や費用をムダにすることでしたが、こうしたジョブズの「**撤退する勇気**」こそがアップルを世界ナンバーワン企業へと押し上げることになったのです。もしこの時、「せっかくここまでやったのだから」とそのままPDCAを回したとしたらアップルからは「アップルらしさ」が失われたかもしれません。

　PDCAでは時に「やめる」「やり直す」という決断も必要なのです。

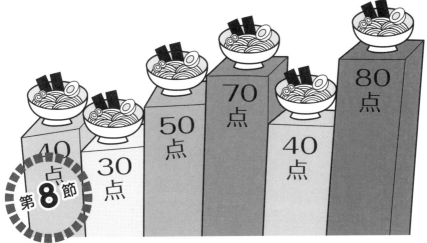

第8節

改善の結果は日々数字で表そう

　PDCAを回すにあたって、評価は「すべてが終わった時」や、「月単位」ではなく、「日々評価」することでより成果につながりやすいと書きました。

　理由はすべて終わったあとで、「良かった、悪かった」と評価したところで、将来の計画策定の参考にはなっても、出てしまった結論を変えることはできないからです。それは月単位の場合も同様で、たとえば1ヶ月前の数字を見たとしても、手を打てるのは翌月からですからその月の数字を改善することはできません。

　それよりも評価はできるなら日々行い、日々改善をすることができれば、ほんの少しずつでも「良い方向」に持っていくことができるわけですから、最終的な結果も「より良いもの」にできる可能性が高くなります。

　パナソニックの創業者・**松下幸之助**氏がこう言っています。

＊　　　＊　　　＊

「平穏無事の1日が終わった時、自分が今日1日やったことは、はたして成功だったか失敗だったかを心して考えてみる」

＊　　　＊　　　＊

　何もなかったような日についても、「今日1日」を振り返れば、小さな失敗もあれば、小さな成功もあるはずです。それを一つひとつ「なぜ

うまくいったのか」「なぜうまくいかなかったのか」と反省することで、小さな学びが得られ、やがては大きな進歩に結びつくというのが松下氏の考え方でした。

*　　*　　*

　PDCAについても大きなサイクルを回していたとしても、そこで「日々評価、日々改善」を続けることができれば漫然と回すのとは違う成果をあげることができるのです。

　こうした評価は「数字」で評価できるならそれが理想です。

*　　*　　*

　トヨタがまだ規模の小さな会社だった頃、世界一の自動車メーカーであるGMに原価で追いつこうという目標を掲げ、「日々評価、日々改善」を重ねたことがあります。

　トヨタ社員のAさんが、トヨタとGMの原価比較を行い、その「差額」をバランスシート上に表現するための工夫をするように指示されました。

　当時、両社の売上げ規模は比較にならないほど大きなものでしたが、原価を仕切り価格で推定すると、トヨタの1に対して、GMは半分の0.5でした。

　当初、Aさんは売上げがけた違いに違う両社の「差額」を知って何になるんだろうとも思いましたが、トヨタの経営陣にとって、差額を知ることは「目標」を明確にするうえで絶対に不可欠だったのです。

　とはいえ、当時の会計の発想にはない仕組みのため、Aさんはいくつもの大学や関係機関に通って教えを請いました。その結果、標準原価ではなく、「基準原価」を新たに設けることにしました。基準原価では、たとえばある部品の原価がトヨタ1万円に対し、GMが6000円とすれば、6000円を「基準原価」とします。

　原材料勘定には6000円を載せ、差額の4000円はある種の「ムダ遣い」としてバランスシートに載せることにしました。

　これはトヨタ独自のやり方であり、通常の会計処理とは違っています。

　本来の会計基準に則った処理ももちろんやっていましたが、「問題の

見える化」を課題に掲げていたトヨタの経営陣にとって、「4000円の差額」は是非とも知る必要のある数字でした。

　経営陣は同様にさまざまな「差額＝ムダ遣い」をバランスシート上に数字として表し、比較検討を常としていました。

　もちろん差額を知るだけでは意味がありません。次の課題は「どうすれば差額を減らすことができるか」です。その「実行」を担ったのがトヨタ式の基礎を築いた**大野耐一**氏が率いる生産部門です。

　当時、トヨタの生産工程では日々改善が加えられていました。改善が進めば、トヨタの原価は着実に「基準原価」に近づいていきます。そうすればバランスシート上でも、日々1円、2円と「ムダ遣い」の額が減少していくことになります。

　「改善の結果が数字に表れる」というのは、きわめて重要です。原価の違いを知れば、「トヨタは何が問題なのか、なぜGMに負けているのか」を、それこそ部品1点1点について明確にすることができます。

　さらに日々改善を行うことで、その差額が日々どれだけ縮まっているかを知ることができれば、生産現場で働く人たちのやりがいにもつながっていきます。

　「GMに原価で追いつく」というあまりに遠大な目標も身近なものとして感じられ、みんなが「問題のホルダー」になることができます。

　やがてトヨタは原価においてGMに追いつきますが、そこで「終わり」とせず、次にはまた新たな目標を掲げ、日々の数字を見えるようにすることで、新たなPDCAを回すようになりました。その繰り返しこそがトヨタを世界企業へと成長させることになったのです。

＊　　　＊　　　＊

　計画や実行を「終わったあと」や、あるいは月単位で「評価する」のは当然のことですが、日々数字で評価できるようにすれば、日々改善もできるようになります。そうすることでより期待通りの成果へと近づくことも可能になるのです。

第4章

知恵をつけて
さらなる
改善 **A** を

「いいと思ったらトコトンやり続ける」のがトヨタ式

　PDCAを回すことで期待通りの成果をあげることができた場合、企業によっては「よくやった」とその成果に満足して、そこでサイクルがストップしてしまうことがよくあります。たしかに計画は見事に達成したわけで、とても喜ばしいことなのですが、実は「その先」こそがとても大切なのです。

　トヨタ式の特徴の一つに

> ### いいと思ったらトコトンやり続ける

があります。

　1つがトヨタの代名詞と言える「**改善活動**」です。

　戦後間もない時期にのちに社長となる**豊田英二**氏はアメリカのフォード社に数ヶ月、派遣されていますが、その際、フォード社がやっていた「サゼッション・システム」を知り、それを日本に持ち帰ったのが改善活動のスタートになっています。

　豊田英二氏によると、当時、フォード社には7万人の社員が働いていましたが、その社員から同社は「これは、と思った仕事の改善のためのアイデア」を受け付けていました。ところが、同社はのちにこのシステ

ムをやめています。理由はフォード車の提案制度は「経済効果」に重点が置かれていたため、提案する社員も自分たちの経済効果、つまり報奨金の額を増やすように要求、結果的に中止に追い込まれたのです。

　一方、サゼッション・システムを日本に持ち帰った豊田英二氏は「そのまま」取り入れるのではなく、トヨタの風土に合うように何度も改善を重ねることで定着を図っています。たとえば、最初のシステムでは社員1人1人がアイデアを考え、改善提案を行うようにしていましたが、1人で問題の真因を考え、解決策を考え、実行までできる人はそうはいません。また、アイデアについても日常的なものよりも発明に近いものをみんながイメージしたことで期待通りの成果があがりませんでした。

　言わば、最初のPDCAは思うようには回りませんでした。

　しかし、ここで「やーめた」とならないのがトヨタです。

　トヨタはフォード流の「1人で考える」のではなく、日本的な「みんなで考える」やり方に変更したうえ、アイデアについても「仕事をしていて困ったり、辛かったりしたら、どうすれば楽になれるかを考えよう」という、「身近なアイデア」に力点を置くことで、みんなの力を借りながら誰でも気軽に改善提案ができるように「改善」していったのです。

　これが今の改善提案の原型であり、以後、さまざまな改善提案を重ねながら、年間数十万件もの改善提案が出るほどの活動に育て上げています。

　これがトヨタ式のPDCAです。

　つまり、最初PDCAの成果があまり出なくても、「これはいいシステムだ」という確信があれば、何度も改善をして、それこそみんなに定着するまでサイクルを回し続けるのです。そして「これはいい」となれば、10年でも20年でも回し続けていくというのがトヨタ式のPDCAとなります。

＊　　＊　　＊

QC活動＊についても同じことが言えます。

　戦後、日本企業の品質力を高めるうえで「QC活動」の果たした役割はとても大きいものがありました。多くの企業にとって「デミング賞」

＊「QC活動」とは、QC（品質管理）に関わる活動のことで、生産現場で働く人たちが少人数のグループをつくり現場で起きる品質や納期、コストなどに関する問題を改善するための活動を指します。

は是非とも受賞したい賞となり、各社がこぞってデミング賞受賞に向けた活動を行いましたが、「その後」に関しては大きな違いが生まれることになりました。

ある人がトヨタと日産の違いをこう解説しています。

＊　　＊　　＊

「今日のトヨタがある理由は、TQC活動を一時的なイベントに終わらせることなく、TQC導入・デミング賞受賞をスタートラインとして、その後現在に至るまで営々と活動を継続・拡大してきたことである。日産自動車は、デミング賞を『QCの墓場』にしてしまったのに対し、トヨタはデミング賞を『QCのゆりかご』にして今日に至っているのである」

＊　　＊　　＊

日産はトヨタに先んずる5年も前にデミング賞を受賞していますが、残念ながらそこが「ゴール」となり、それからはQC活動にあまり熱心に取り組もうとはしませんでした。そんな日産をよく見ていたトヨタは、デミング賞受賞に向けたPDCAを回しながら、その先についてこんな方針を立てていました。

> 1　わが社を中心に仕入れ先、販売店も含めた総合的なQCを推進する。
> 2　簡素にして効率の良い管理体制を確立する。特にチェックとアクションを確実にして、管理のサークルを早く回すこと。

つまり、デミング賞を「ゴール」とするのではなく、デミング賞受賞に向けてPDCAを回す一方で、「QCはいいことだ」となるとデミング賞受賞後はその良さをグループ各社や協力会社にまで広め、自社の品質活動も改善しながらより良いものに育て上げていくというのがトヨタ式のPDCAとなります。

このように「これはいいものだ」となると何度でも何度でもPDCAを回し、トコトンやり続けるのがトヨタのやり方です。その繰り返しこそが今日のトヨタをつくり上げているのです。

改善したところを
また改善してさらに改善しろ

　PDCAのDoとActは、「実行する」とか「行動する」という意味で言葉としては似ていますが、実際には大きく違います。

　AにはDとCを上回る知恵がついている点が違っています。

　第1節の「これは良い」とわかったら、改善しながら何年も続けていくというのも「A」の1つですし、トヨタ式がよくやる「良い結果」が出たら、「さらに良くしよう」と「さらなる知恵」をつけるやり方も「A」の1つと言えます。

＊　　　＊　　　＊

　トヨタ式が大量生産方式と大きく違うのは、需要に合わせて1個ずつ違うものをつくっていこうという考え方です。市場ではお客さまの好みに合わせていろいろなタイプの車が売れます。同じタイプの車であっても色なども含めれば同じ車というよりは、それぞれ違う車が売れることになります。

　ものづくりにおいて同じものを大量につくるのは簡単ですが、違うものを流れるようにつくるのは簡単なことではありません。しかし、一方で同じものを大量につくって在庫として保管しておくと、計画通りにものが売れないと、それらの在庫は売れ残りとなり、やがては不良在庫に

なる恐れがあるのに対し、需要に合わせて1個ずつものをつくれば「つくりすぎ」を防ぐことができるし、余計な在庫を抱える必要がありません。

つまり、トヨタ式のものづくりはムダのないつくり方と言えるのですが、1個ずつ違うものをつくろうとすると、金型や治具工具の取り替えや機械の調整、部品や部材の切り替えといった段取り替えが必要になります。

段取り替え中はものをつくることができませんから、もし段取り替えに多くの時間をとられると、生産性は著しく下がります。「いかに素早く段取り替えを行うか」はトヨタ式にとって最も重要な課題の一つでした。

1960年代半ば、一千トンプレスの段取り替えに、トヨタは4時間を要していました。フォルクスワーゲンなど外国の同業他社はその半分でした。

そこで、さらにその半分の1時間を目標に、段取り替え時間短縮のプロジェクトがスタートしました。そして100項目を超える改善を行った結果、半年後には1時間以内に短縮することに成功しました。素晴らしい成果です。

普通はこれほどの成果をあげれば、そこでPDCAは一段落となるはずですが、**大野耐一**氏はさらにこう言いました。

＊　　　＊　　　＊

「3分間にまで短縮できないか」

＊　　　＊　　　＊

当時の常識としてそれはあまりに突飛なものでした。段取り替え時間を1時間にするだけでも画期的なことなのに、「3分間」というのはあまりに非常識な目標でした。

当然、プロジェクトメンバーは「無理だ」と考え、一緒に段取り替え時間の短縮に取り組んでくれたコンサルタントのAさんに「大野氏にこれは無理だと言ってください」とお願いしたところ、Aさんは「ひょっとしたらやれるかもしれない」と言い出したのです。

段取り替えには、機械を止めて行わなければならない「内側の段取り（内段取り）」と、機械の稼働中でも行うことのできる「外側の段取り（外段取り）」があります。

Aさんは段取りに必要な作業を細かく分析することで、内段取りを徹底的に外段取りに転化することができれば段取り替え時間は大幅に短縮できると考えたのです。さらに内段取りについても、刃具や金型の取り換えを面倒な調整なしにワンタッチでできるようにすれば、内段取りの時間も短縮できると考えました。

　プロジェクトチームはこうした改善を一つずつ積み重ねていきました。その結果、これまで誰も考えもしなかった3分間での段取り替えがついに実現したのです。

＊　　＊　　＊

　このエピソードはトヨタのPDCAの特徴をよく表しています。

　たいていの人はPDCAを回して一定の成果が出れば、「よくやった」と満足して、そこで改善を終えるはずです。もしかしたら次のPDCAは回すかもしれませんが、一旦、成果の出たものをさらに改善しようとは考えません。しかし、トヨタ式ではこういいます。

改善したところをまた改善してさらに改善しろ

　つまり、PDCAで成果が出たら、そこにさらに高い目標を掲げて再びPDCAを回します。そうすることで1つの成果にはさらなる改善が加えられ、より優れた成果へと進化していくことになるのです。

＊　　＊　　＊

　ある企業の経営者が生産のリードタイムが7日から3日になったと自慢したところ、それを聞いたトヨタ社員がこうアドバイスしました。

　「3日ということは72時間ですね、じゃあ、これから1時間、2時間と短縮していったらどうですか。時間の単位を変えればいくらでも改善できますよ」

＊　　＊　　＊

　成果が出たからとそこに安住することなく、その良い成果をさらに良いものにするために新たな計画を立て、PDCAを再び回し始めることこそが成長をより確実なものにするのです。

1つの成果を全体の成果に。
ヨコテンしよう。

トヨタ式PDCAの特徴の一つは、「**ヨコテン**」にあります。

ヨコテンというのは「横展開」のことです。「水平展開」という企業もありますが、ある部署やある工程でうまくいった成果を、他の部署や他の工程にも適用することで、企業全体の成果へと変えていくやり方です。

最近でこそ情報の共有化が進み、1つの成果をみんなが知ることができるということも増えてきましたが、かつては組織が縦割りだったり、あるいは事業部制のようにそれぞれの事業部が独立した組織の場合、ある部署が成果を上げたとしても、その成果は「自分たちだけのもの」であり、他の部署には決して教えようとはしなかったということも珍しくはありませんでした。

しかし、これではせっかくの成果が「みんなのもの」になることはありません。

こうした縦割りの弊害を懸念した**豊田英二**氏（元社長）が、部課長に概略このような要請を行いました。

$*$　　　$*$　　　$*$

「工場が分かれ、同じような仕事をしている部門が会社の中でいくつか

に分かれるようになっている。一方の工場で得られた性能や事故など多岐に渡る知識は、すぐに他の工場にも連絡するようにしていただきたい」

「本社工場は非常に能率を上げる改善ができたけれども、近くにある元町工場では何も知らずに、他社の工場の改善策を見て感心した、というようなことがあったのでは、問題にならないのであります」

＊　　＊　　＊

企業規模が小さなころというのは、お互いの顔も見えるし、日常的なコミュニケーションも活発に行うだけに、どこかの部署だけが成功事例を抱え込むということはありません。ところが、組織が大きくなり、いくつもの部署に分かれるようになると、横の連携が悪くなるだけでなく、成功事例を自分の部署や自分の工程だけで抱え込み、共有するのを嫌がる傾向が生まれます。

そうなると、失敗は当然隠しますから、大きなトラブルが起きた時、実は他の部署で兆候が出ていたという事態も起きますし、あるいはその部署ではトラブルが起きないように対策を取っていたのに他の部署はそれを知らず、何の対策もしなかったために大きなトラブルにつながったということさえ考えられます。

こうした組織にならないように豊田英二氏は先手を打ったということでしょうし、それがヨコテンの文化として受け継がれています。

＊　　＊　　＊

若いトヨタ社員Ａさんが上司の指示で、ある現場の改善を行った時のことです。

改善に先立ってＡさんは問題の真因を調べ、いくつかの改善案の中から最善のものを選んで改善を行いました。

トヨタ式の問題解決法に沿ったやり方です。

上司の元に行き、Ａさんが「問題の現場の改善が終わりました」と報告したところ、上司はこう問いかけました。

「結果はきちんと見届けたのか？」

自分がやった結果をきちんと見届けて、「問題はないか？」「もっとできることはないか？」を考えるのはとても大切なことです。

上司への報告を急ぐあまり、結果を最後まで見届けていなかったＡさんは急いで現場に引き返し、自分のやった改善をしっかり評価しました。

　すると、いくつかの問題も見つかりましたし、現場の人から話を聞くと、「ここをもうちょっと何とかしてほしい」といった要望も出てきました。

　こうした時、「明日やろう」は許されません。**その日に見つかった問題はその日に改善するのがトヨタ式の基本**です。問題を翌日に先延ばししてしまうと、現場の人はその不便を翌日まで我慢しなければならないからです。

　Ａさんは再びすぐに改善を行いました。

　そして上司の所に行ってこう報告しました。

　「いくつか問題がありましたが、改善して解決しました」

　すると、上司はこう言いました。

　「ヨコテンしたのか？」

　Ａさんは上司に言われた問題をすべて解決したことで満足していました。

　しかし、実際にはそのあと、結果を見届けて、さらに改善することを求められ、うまくいったらいったで「ヨコテン」することを求められました。

　Ａさんは一瞬、「これはきりがないな」とも思いましたが、同時に「これこそがトヨタ式の強さの秘密なんだ」とも痛感しました。

＊　　＊　　＊

　ＰＤＣＡのサイクルを回して、良い結果が出たら、それを「ヨコテン」します。ただし、それをそのまま実行するようではトヨタ式とは言えません。**良い結果を元に「自分たちなりの知恵」をつけてさらに良い結果を出すようにＰＤＣＡを回します。そうすることで一部署で生まれた良い結果はたくさんの知恵をつけて「とても良い結果」につながっていくのです。**これがトヨタ式のＰＤＣＡです。

第4節

失敗したら
「失敗のレポート」を書いておけ

　PDCAを回すことで良い結果が出たら、「ヨコテン」をするのがトヨタ式ですが、では、良い結果どころか失敗をした時にはどうすればいいのでしょうか？

　ここでも**豊田英二**氏の考え方が生かされています。

＊　　　＊　　　＊

　若いトヨタ社員Aさんが、アメリカの工作機械メーカーに注文を出しました。今と違ってインターネットもなく、カタログなどが頼りの注文でしたが、もちろん自分の給料の何十倍もする機械だけに、調べられる範囲で最善を尽くしての発注ですし、稟議書も書き、上司の承認も得たものでした。

　ところが、到着した機械を実際に使ってみたところ、Aさんが期待していたような役目を果たさないことがわかったのです。情報が少ない中でのことであり、仕方のない失敗とも言えましたが、大金をかけて購入したものだけに、「使えませんでした」で許されるわけがありません。

　Aさんは、直属の上司に謝ったうえ、技術部門の責任者だった**豊田英二**氏に直接、報告と謝罪に行きました。当然、Aさんは厳しい叱責を覚悟していましたし、何らかの処分さえ覚悟していましたが、英二氏に聞

かれたのはこうでした。

「それで、その実験の理屈はわかったのか」

Ａさんは、それでも機械を使っていろいろな実験だけは行っていました。期待通りとは言えませんでしたが、ある程度の結果は出ていました。そこで、Ａさんが「はい、わかりました」と答えると、英二氏はひと言だけこう言いました。

「わかったならそれでいい。その失敗はお前の勉強代だ」

英二氏は、Ａさんが情報の少ない中で十分に調べ、検討を重ねたうえで機械を購入したことを知っていました。その機械が期待通りのものではないことにＡさんが大きなショックを受け、会社に損害を与えたことを反省していることもわかっていました。

だからこそ、英二氏はＡさんに「勉強代だ」と言って、それ以上、Ａさんを責めることはありませんでした。

ただし、最後にこう付け加えました。

＊　　　＊　　　＊

「なぜ失敗したのか、今後、同じような失敗を防ぐためには何が必要かをしっかりと分析して、失敗のレポートを書いておけ」

＊　　　＊　　　＊

なぜ失敗のレポートなのでしょうか？

英二氏がこう理由を述べています。

＊　　　＊　　　＊

「失敗を忘れないでいただきたい。『うまくいきました』というような時はレポートを書く必要はありません。うまくいった時には、うまくいった現物がありますから、見ればわかります。しかし、失敗は単に覚えておくだけではいつか忘れられるし、みんなに広まることはありません。みんなが同じ失敗を繰り返さないためにも、失敗した時には失敗のレポートを書いておくことが大切なのです」

＊　　　＊　　　＊

仕事で失敗をすると、上司は失敗を厳しく叱責します。当然、失敗した人は失敗を後悔し、心に刻み込むわけですが、それはあくまでも

「たった一人の記憶」であり、みんながその失敗を共有するわけではありません。

　結果、再び誰かが同じような失敗をすることになります。

　これはあまりにもったいないことです。

　だからこそ、トヨタ式は失敗した人に「失敗のレポート」を書かせるようにしています。失敗した人は、失敗を後悔し、「なぜ失敗したのか？」「どうすればうまくいくのか？」を真剣に考える機会になりますし、他の人にとっては失敗のレポートを見ることで、同じような失敗を避けることができるようになるのです。

　「良い結果」が「ヨコテン」によって「みんなの財産」になるように、「失敗」も「失敗のレポート」によって「みんなの財産」になるというのがトヨタ式の考え方です。

＊　　　＊　　　＊

　PDCAを回したからといってすべてが成功するわけではありません。なかには最善の計画を立て、がんばって実行したにもかかわらず、期待通りの成果が出ないというのはあり得ることです。なかには2度、3度と改善を重ねることでうまくいくこともありますが、時には「これは失敗だ」というケースもあるはずです。

　そんな時にも「失敗した、このことはなかったことにしよう」と忘れるのではなく、「みんなの財産」にしていくのがトヨタ式です。

　こうしたシステムがあれば、誰もが失敗を恐れることなく挑戦できるようになります。

　「失敗を恐れず挑戦する」姿勢は、新しい何かに挑戦する時の最も大切なものの1つです。失敗したなら、「なぜ失敗したのか」をきちんと分析したうえで、「みんなの財産」として残していけばいいのです。

　「失敗したらどうするのか」「失敗をどう活かすのか」を決めておくことは、PDCAを思い切って回すうえでも大切なことですし、実行者を励ます力ともなるのです。

「いい方法」が
通用しなくなったらどうするか?

　PDCAを回して「いい成果」が上がった時には、それを「ヨコテン」して他の部署に広げたり、あるいはその方法をさらに改善することで「より良い方法」へと磨き上げていくのがトヨタ式の考え方ですが、時にはそうやって磨きぬいた方法が通用しなくなることもあります。

　たとえば、事務機器の販売などはかつては営業社員が企業の事業所を一軒一軒飛び込み訪問することで販売を行っていましたが、インターネットが普及して以降は訪問ではなくネットを通じたソリューション営業が中心になっています。

　車の販売などもそうですが、かつては当たり前であり通用したやり方が時代の変化とともに通用しなくなるというのはよくあることです。

　しかし、それも当然のことで、今日のように変化のスピードが速い時代、1つの方法が永遠に通用するのはむしろ難しいことと言えます。

　では、そんな時にはどうすればいいのでしょうか?

　「これまでの方法が通用しなくなったら、また次を探せばいいじゃないか?」

　たしかにその通りなのですが、こんな疑問が湧いてきます。

　「これからの時代に通用する新しい方法ってそんなに簡単に見つかる

ものなのでしょうか？」

　新しい方法を見つけるためには、再び一からPDCAを回し、「あれがいいか、これがいいか」と試行錯誤しなければなりません。そのうえで「これがいい」となって初めて「磨きぬく」作業に入るわけですから、大変な手間や時間をかけることになり、その間に同業他社がはるか先へ行ってしまう可能性もあります。

　それを防ぐためには**「今のやり方」とは別に、「他のやり方」も少しずつですが試しておくことが効果的**です。

＊　　　＊　　　＊

　グーグルの元CEO **エリック・シュミット**によると、グーグルにはプロジェクトを「70 対 20 対 10」にわけるというルールがあるといいます。

　それ以前のグーグルは、プロジェクトを重要な順番に並べた「トップ100 リスト」をつくり、そのリストを元に資源の配分を決めていましたが、このままではリスクの高いプロジェクトに手を出さなくなる「ノーの文化」が広がるのではという懸念が出てきました。

　そこで、新たにつくったのが「70 対 20 対 10」というルールです。内訳はこうなります。

＊　　　＊　　　＊

70％…コアビジネスである検索と検索連動広告に関連するもの
20％…成功の兆しが見え始めた成長プロダクト
10％…失敗のリスクは高いものの、成功すれば大きなリターンが見込
　　　めるまったく新しい取り組み

＊　　　＊　　　＊

　つまり、70％をコアビジネスに、20％を成長プロダクトに、残り10％を新規プロジェクトにあてるというものです。

　これによりコアビジネスは大切に守り育てつつ、有望なプロジェクトには積極的に投資を行い、リスクの高いとんでもないアイデアにもいくばくかの資源を投入することで、もしかしたらそこから大きな芽が育つかもしれないのです。

　今の成長をより確かなものにしながら、次の芽を育てることができれ

ば、時代の変化にも柔軟に対応できるうえ、ささやかな投資であれば、仮に失敗しても痛手にならないというやり方はまさに「今日のために戦い、明日のために考える」と評することができるのではないでしょうか。

＊　　　＊　　　＊

ソフトバンクはこれと同じようなやり方をしているといいます。

ソフトバンクの場合は「6対3対1」の比率になりますが、今、取引しているA社とは別のB社を試したい時にはまずは全体の10％をB社に任せ、成果が上がればA社を60％、B社に30％を任せ、残る10％はまた別のC社に任せるというのです。

大きな投資をしてしまうと「やめる」決断ができにくくなりますが、グーグルやソフトバンクのように「10％」くらいのリスクならやめることもできるし、失敗しても大きな痛手にはなりません。

大きな事業や大切な取引先は守りつつ、少しずつ新たな事業や新しい会社を試すというのはリスクを最小限に抑えつつ、しかし、そこに可能性があればそちらに力を入れることもできるという意味ではとても良い方法と言えます。

＊　　　＊　　　＊

同様に「いい方法」が通用しなくなった時に備え、「違う方法」で小さなPDCAを回しておくことができれば、実際にいい方法が通用しなくなった時に、「じゃあ、この方法に変えていこう」と変えていくこともできるのです。

どんないいやり方にもいつか寿命が来るものです。そのためいいやり方を常に改善し続けるだけでなく、新たなやり方も「考え、試す」ことが必要になります。その両方ができてこそ企業は成長し続けることができるのです。

小さな改善を積み重ねてこそ
大きな改善になる

　PDCAを回すにあたって最初から大きなものを目指すのではなく、小さなサイクルを回す方がいいというのは既に触れた通りです。

　今日、環境対応車に関しては電気自動車がナンバーワンであり、世界中の自動車メーカーが生産する車の半数を電気自動車にしようと開発を急いでいますが、こうした急激な変化をもたらした要因の１つは**イーロン・マスク**率いるテスラ・モーターズの成功です。

　テスラ・モーターズがスポーツカータイプの電気自動車「ロードスター」を発売したのは 2008 年のことですが、それ以前には電気自動車は走行距離も短く、スタイルも不格好で、環境対応車の主流にはなりえないのではと見られていましたが、マスクが「ロードスター」をつくったことでそうした電気自動車への偏見は一掃され、時代は一気に電気自動車へと向かうことになりました。

＊　　　＊　　　＊

　そんな電気自動車の時代を切り開きつつあるマスクには「世界を電気自動車中心の社会へ導くことで、21 世紀の最も有力な自動車会社となる」という遠大な目標がありました。しかし、その一方で「遠大な目標」に到達するためには「小さな目標」を一つずつ着実に達成しなければな

らないこともマスクはよく知っていました。

それが「秘密のマスタープラン」でした。

たとえば、第一段階としては、

- 電気自動車のような新技術を開発するにはお金がかかるので、初期の段階では、一台あたりのコストがかなり高くなってしまう。
- したがって、テスラは、そのコストを吸収するために、高価格を許容してくれる顧客を狙って、まずはハイエンド市場から参入する。具体的には、テスラ・ロードスターというハイエンドのスポーツカーを、最初のモデルとして市場に投入する。
- テスラ・ロードスターを一定台数販売することで、できるだけ早くコストを回収し、コストダウンを実現する。

こうした第一段階を経て、徐々に価格を下げていき、第三段階として、より安価な大衆型モデルを市場に投入するというのかマスクの戦略でした。

もちろんその一つひとつも実現には大変な苦労があったわけですが、何とか電気自動車の量産化にこぎ着けたことで、今やテスラの電気自動車は高級車部門においてはトヨタのレクサスや、ベンツなどを抑えてアメリカではナンバーワンの地位を占めるまでになっています。

                    ＊　　　＊　　　＊

遠大な目標も、最初から壮大な計画を立てて挑戦するのは、案外とリスクが高いものです。大がかりすぎると、「あっ、失敗した。直そう」という小回りが利きませんし、あまりに遠大な目標は実行を担う人たちを「あそこまでどうやって行けばいいんだ」と途方に暮れさせるだけなのです。

だからこそ、マスクも第一段階、第二段階、第三段階と数段階の計画をつくり、１つずつクリアしていくことでいつかは「世界中で走る車の大半を電気自動車にする」という理想を実現しようとしたのです。

マスクの究極の目標は「人類を救う」ことですが、そこまで遠大な目標ではないにしても、ある程度大きな目標を達成するためには小さなPDCAを着実に回して、「気が付けばここまで来たな」となるのが理想

なのです。

＊　　＊　　＊

　ある企業の再建のためにトップに就任したＡさんが思い描いていたのは大量生産型のものづくりをトヨタ式の確定受注生産に切り替えていくことでした。そうしなければ会社は赤字に転落し、やがてはリストラなどを行うことになるというのがＡさんの見方でした。

　とはいえ、これまでのやり方に慣れ親しんできた社員の意識を変えるのは簡単ではありません。そこで、Ａさんは身近な小さなＰＤＣＡを回し始めました。

　最初に整理整頓を徹底し、ゴミ一つない清潔な職場を実現しました。

　次にみんなで知恵を出しながら、オリジナルの生産ラインを考案、5本ある生産ラインの1本だけを新しいやり方に変えてさまざまな改善を行いました。そしてある程度、問題が改善された時点で残りの4本のラインも徐々に新しいやり方に変え、最終的にはすべてを売れに合わせてものをつくることのできるラインに変えることができました。

　Ａさんが思い描いていたのはここまででしたが、さらに思いがけないアイデアが出てきました。新しい生産ラインは以前の生産ラインに比べて電力の消費量がとても少なく、計算してみると工場に太陽光パネルを設置すれば、使用する電力のすべてを太陽光で賄うことができることがわかったのです。

　まさに「理想のものづくり」の誕生でした。

＊　　＊　　＊

　では、Ａさんが最初からこの目標を掲げてＰＤＣＡを回したとして、うまく回ったでしょうか？　恐らくは多くの社員が反対して思うようにいかず、計画は頓挫したはずです。大切なのは**大きな目標があったとしても、最初は小さなＰＤＣＡを回し、その成果を踏まえて次のＰＤＣＡと移ることです。その繰り返し、その積み重ねがあれば、気づいた時には思っていたよりも大きな所に行きつくことができる**のです。

1人の100歩より100人が1歩ずつ

　PDCAというと、組織で回しているイメージがありますが、実際には「できる人」は自分なりのPDCAを回しており、そうした「できる人」のやり方をうまく取り入れることで全体のPDCAを回すことができれば、ごく普通の人たちも「できる人」へと成長することができるのです。

＊　　　＊　　　＊

　今ではトップレベルの営業社員となっているAさんの例です。

　Aさんと同じ部署にみんなが「天才」「別格」と認める凄腕の営業社員Bさんがいました。成果も人脈も群を抜いているBさんを、他の社員は「彼は営業の天才だから」「彼は特別だから」と称賛するばかりで、学びの対象とすることはありませんでした。

　しかし、「Bさんはなぜ成果を上げ続けられるのだろう？」と疑問を感じたAさんがBさんの行動をよく観察してみると、Bさんが日々、地道な努力を続けていることがわかりました。

　Bさんは丹念な下調べや準備、地道な訪問、迅速な対応といった、「当たり前のこと」を繰り返す「努力の塊」であり、その徹底ぶりが群を抜いているからこそ安定して成果を上げ続けることができたのです。

　Aさんは「これなら自分にもできるのではないか」と考えました。

　そしてBさんがやっているように、お客さまを徹底して調べ、必要な

データをもれなく揃え、訪問して丹念に話を聞いては、要望や質問にその日のうちに回答するようにしました。どれも当たり前と言えば当たり前のことですが、それでもこうしたことをすべてのお客さまに対し、徹底して抜かりなくやり続けるのは大変なことです。

　それでもその日の活動や成果を毎日、自分なりに評価しては、次の日に改善することを繰り返すうちに、目に見えて営業成績が上がってきたのです。

　もちろんすぐにBさんに追いつくことはできませんが、このやり方を続ければいつかBさんのようになれるのではないか、とAさんは自信を持てるようになりました。

　Aさんが行ったのは、BさんのPDCAを参考にして、自分流のPDCAを回すことでした。さらに日々の評価と改善を行うことで少しずつですが「より良いやり方」を見つけようとしています。

　このようにPDCAは、組織としてではなく、個人として回すこともできるのです。

　トヨタ式の特徴の一つとしてしばしば挙げられるのが、「**絶えざるベンチマーキング**」です。すぐれた企業のやり方と自社のやり方を比較して「何が負けているのか、何が足りないのか」を知り、その差を埋めるために改善を行うというものですが、AさんがやったのはBさんをベンチマーキングにして、自分のやり方をより良いものへと改善していくことでした。

　「できる人」を「別格」「天才」と考えてしまうと、何かを学ぶことはできませんが、「学びの対象」と考えれば、自分を高めていく存在となります。「できる人」をベンチマーキングして、PDCAをうまく回すことができれば、誰でも「天才」のレベルへと近づいていくことができるのです。

$$* \quad * \quad *$$

　Aさんと同じことを組織として取り組んだのが飲料品メーカーの子会社C社です。

　C社は、スーパーマーケットなどのルート営業を一手に請け負ってい

る企業ですが、悩みは、大勢いるスタッフの能力に大きなバラつきがあることでした。

かつて営業の世界では大勢の人を採用して、一斉に営業に放り込み、優秀な成績を上げることのできる人だけを残すという乱暴なやり方が見受けられましたが、今の時代、それではただのブラック企業となってしまいます。一握りの「できる人」に頼るのではなく、その他大勢の人の能力も引き上げ、全体として成果を上げることが求められています。

そこでC社が試みたのが、優秀なスタッフのPDCAサイクルを研究して、その他大勢の財産とすることでした。

まずトップから50人のマーケットスタッフを選び、マネジャーが得意先に動向して、1人1人について「日々、どのような活動をしているのか」「何がお客さまに喜ばれているのか」といった点を調査、それをベースにして、その他大勢でも使える活動マニュアルを作成したのです。

それまではPDCAサイクルの回し方は、マーケットスタッフ個人に任され、評価の仕方も、見るのは「結果」だけであり、「どのような活動をしているのか」について評価をしたり、改善をすることはありませんでした。そこに、「こうすればもっと成果が上がりますよ」という、標準作業的なものを導入したのです。

その結果、これまで思うような成果が上がらなかった人たちも少しずつ成果を上げられるようになったばかりか、教えられたやり方に自分なりの工夫をしてより良い成果へとつなげる人たちも出てきました。営業はたしかに個人的な資質も関係しますが、正しいPDCAの回し方を身につければ、ごく普通の人も期待以上の成果を上げることができるのです。

*　　　*　　　*

個人の成果を全体に広げるうえでもPDCAはとても有効です。トヨタ式が大切にしているのが次の考え方です。

「1人の100歩より100人が1歩ずつ」

1人の「できる人」に学び、みんなが1歩どころか、2歩、3歩と進むことができるようになれば、あっという間に天才の100歩を超えていくことができるのです。

成果も出たし
もういいよね

第**8**節

「成果が出た」で満足するな、 「その先」が勝負である

　成功パターンが生まれると、私たちはついそれを踏襲したくなります。「このやり方をすれば確実に成功できる」とわかっていれば、誰だって自信を持ってPDCAを回すことができますし、その通りのやり方をしていれば誰からも非難されることはありません。

　しかし、トヨタ式において大切なのは

> ### 常に「より良く、より早く、より安く」を求め続けること

　そしてそのためには「うまくいった」やり方に決して安住することなく、「もっといいやり方はないか？」「もっとリードタイムを短縮できないものか？」「もっと安くつくる方法はないか？」と常に問いかけ、ほんの少しずつでも新しいやり方に挑戦していくことが必要になります。

＊　　　＊　　　＊

大野耐一氏が監督・管理について、こんな話をしていました。

＊　　　＊　　　＊

　「去年はうまくいった、今年もうまくいったといった調子じゃ、何も進歩がない。前任者は50人でやっていたが、自分は40人でやった、あるいは去年は50人が必要だったが、今年は45人にした、そういった仕

事の測り方というのをやらんといかん」

＊　　　＊　　　＊

　前任者や、これまでの慣れ親しんだやり方、みんなが当たり前と思っているやり方を超えてこそ進歩向上があるというのが大野氏の考え方でした。

＊　　　＊　　　＊

　日本にモータリゼーションを起こしたトヨタの「カローラ」が爆発的に売れ始めた頃のことです。

　当初、大野氏はエンジン担当課長に「5000台を100人以下でつくるように」と指示しました。すると、2ヶ月後には「80人でつくれるようになりました」という報告がありました。

　素晴らしい成果です。

　その後、5000台から1万台に増産することになり、大野氏は課長にこう問いかけました。

「1万台は何人でつくれるか？」

　課長は即座にこう答えました。

「160人」です。

　5000台が80人でつくれるなら、1万台は倍の160人でつくれることになります。ところが、大野氏はこの答えを聞いて激怒しました。

「2×8＝16なんていう計算は小学校で教わった。この年になってお前から教えられるとは思わなかった」

　課長の計算が間違っているわけではありません。たしかに160人いれば1万台つくることはできますが、それでは「これまでのやり方」を踏襲するだけであり、そこに何の進歩もないことになります。

　課長はたしかにPDCAを回して「80人で5000台つくる」という素晴らしい成果を上げましたが、では、そのやり方をいつまでも続けていいのかというとそうではありません。80人でできるのなら、次は75人、そして70人とサイクルを回し続けることで「より良く、より早く、より安く」を実現することが求められていたのです。

　その後、課長はPDCAを回し続けることで、やがて1万台を100人

でつくるという成果を上げることになりました。

＊　　＊　　＊

　既に触れた通りですが1つの素晴らしい成果を上げると、どうしてもそこに安住しがちです。しかし、それではさらなる進歩も成長もありません。

　大切なのは、1つの成果を上げたあとも、「昨日より今日、今日より明日」と「より良く」を求め続けることなのです。もちろん新しい挑戦だけにいつも成功するとは限りません。トヨタ式を長年にわたって実践し続けてきた企業の経営者がこう言っていました。

＊　　＊　　＊

　「改善というのはやったからといって一直線に伸びるわけではありません。凸凹もあれば、時に後退しそうになることもありますが、長い目でみればゆっくりとでも上昇し続けることが大切なのです」

＊　　＊　　＊

PDCAにFをつける

　という言い方がトヨタ式にあります。

　「F」というのは、「フォロー」ということですが、つまりPDCAのサイクルを回して、「成果が出たから良かったね」で完結するのではなく、「いいと思ったらやり続けなければならない」し、「いいと思ったヨコテンもする」し、「いいと思ったら、さらにそこから改善を重ねてよりすごい成果につなげる」というのが「PDCAにFをつける」ということなのです。

　そしてその根底にあるのが「より良く、より早く、より安く」であり、「昨日より今日、今日より明日」という考え方です。

　PDCAを回すにあたっては1つの成果に満足せず、常に「より良く」を求め続ける姿勢こそが何より大切なのです。それこそが成長し続ける企業、成長し続ける人をつくり上げるのです。

本書の執筆にあたっては下記の書籍や雑誌を参考にさせていただきました。厚くお礼申し上げます。また、多くの新聞やウェブサイトも参照させていただきましたが、煩瑣を避けて割愛させていただきます。

●参考文献

『トヨタ生産方式』大野耐一著　ダイヤモンド社

『大野耐一の現場経営』大野耐一著　日本能率協会マネジメントセンター

『トヨタ式人づくりモノづくり』若松義人、近藤哲夫著　ダイヤモンド社

『「トヨタ式」究極の実践』若松義人著　ダイヤモンド社

『使える！トヨタ式』若松義人著、ＰＨＰ研究所

『ザ・トヨタウェイ』ジェフリー・Ｋ・ライカー著　稲垣公夫訳　日経ＢＰ社

『誰も知らないトヨタ』片山修著　幻冬舎

『トヨタの方式』片山修著　小学館文庫

『常に時流に先んずべし』ＰＨＰ研究所編　ＰＨＰ研究所

『豊田英二語録』豊田英二研究会編　小学館文庫

『トヨタ経営システムの研究』日野三十四著　ダイヤモンド社

『トヨタ式仕事の教科書』プレジデント編集部編　プレジデント社

『トヨタシステムの原点』下川浩一、藤本隆宏編著　文眞堂

『トヨタ新現場主義経営』朝日新聞社著　朝日新聞出版

『トヨタ生産方式を創った男』野口恒著　ＣＣＣメディアハウス

『トヨタの世界』中日新聞社経済部編著　中日新聞社

『人間発見私の経営哲学』日本経済新聞社編　日経ビジネス人文庫

『ザ・ハウス・オブ・トヨタ』佐藤正明著、文芸春秋

『トヨタはどうやってレクサスを創ったのか』高木晴夫著、ダイヤモンド社

『レクサストヨタの挑戦』長谷川洋三著、日本経済新聞社

『自分の城は自分で守れ』石田退三著、講談社

『物事は単純に考えよう』池森賢二著、PHP研究所

『1分間松下幸之助』小田全宏著、SBクリエイティブ

『加賀屋の流儀』細井勝著、PHP研究所

「工場管理」1990年8月号

『週刊東洋経済』2006年1月21日号、2016年4月9日号、2018年3月10日号、2018年11月10日号、2019年3月16日号　『週刊ダイヤモンド』2002年12月7日号　『日経ビジネス』2000年9月18日号、2008年1月7日号　「日経ビジネス　アソシエ」2004年11月16日号

*

これら参考文献以上に私にトヨタ式の素晴らしさ、
人間の知恵の凄さを教えて下さった
故若松義人さんに感謝の念を捧げます。

*

【著者】桑原 晃弥（くわばら・てるや）

1956年、広島県生まれ。経済・経営ジャーナリスト。慶應義塾大学卒。業界紙記者などを経てフリージャーナリストとして独立。トヨタ式の普及で有名な若松義人氏の会社の顧問として、トヨタ式の実践現場や、大野耐一氏直系のトヨタマンを幅広く取材、トヨタ式の書籍やテキストなどの制作を主導した。一方でスティーブ・ジョブズやジェフ・ベゾスなどのIT企業の創業者や、本田宗一郎、松下幸之助など成功した起業家の研究をライフワークとし、人材育成から成功法まで鋭い発信を続けている。著書に『スティーブ・ジョブズ名語録』（PHP研究所）、『トヨタ式「すぐやる人」になれる8つのすごい！仕事術』（笠倉出版社）、『ウォーレン・バフェット巨富を生み出す7つの法則』（朝日新聞出版）、『トヨタ式5W1H思考』（KADOKAWA）、『1分間アドラー』（SBクリエイティブ）、『amazonの哲学』『トヨタはどう勝ち残るのか』（大和文庫）、『仕事の効率を上げミスを防ぐ整理・整頓100の法則』（日本能率協会マネジメントセンター）、『自分を活かし成果を出すドラッカーの言葉』（リベラル社）などがある。

世界最強の現場力を学ぶ トヨタのPDCA

2020年9月10日　初版第1刷発行

著　者	桑　原　晃　弥
発行者	中　野　進　介

発行所　株式会社ビジネス教育出版社

〒102-0074　東京都千代田区九段南4-7-13
TEL 03(3221)5361（代表）／FAX 03(3222)7878
E-mail▶info@bks.co.jp URL▶https://www.bks.co.jp

印刷・製本／萩原印刷株式会社
ブックカバーデザイン／飯田理湖　本文デザイン・DTP／有留　寛
落丁・乱丁はお取替えします。

ISBN 978-4-8283-0853-1